パリジェンヌたちの
とっておきのパリ

PARIS
C'est chic!

© 2014 éditions Parigramme / Compagnie Parisienne du Livre

PARIS
C'est chic!
LES MEILLEURES ADRESSES DE
DO IT IN PARIS.

パリジェンヌたちの
とっておきのパリ

エロディ・ルージュ
Élodie Rouge
執筆協力 キトゥリー・パスクソーヌ
Quitterie Pasquesoone
イラスト アンジェリーヌ・メラン
Angéline Mélin
太田佐絵子 訳
Saeko Ota

原書房

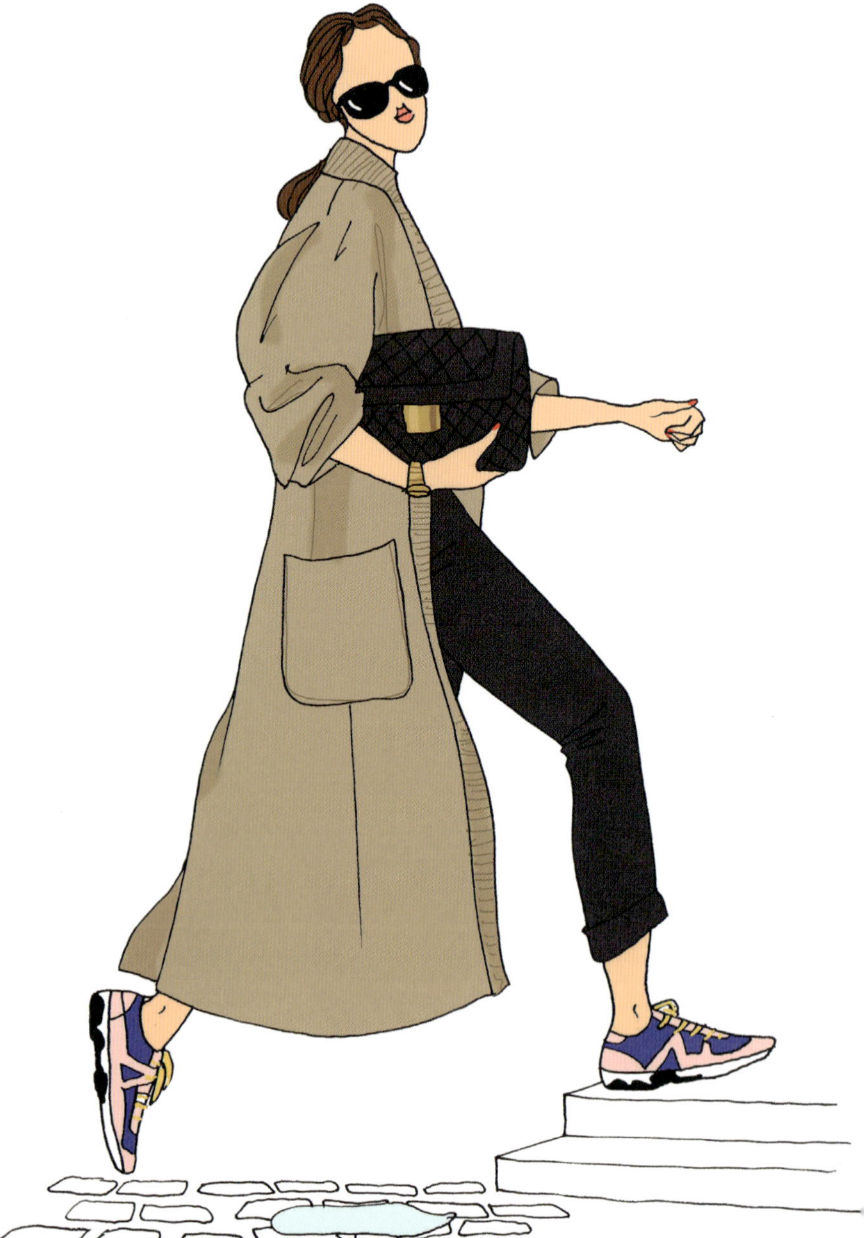

目次

パレ・ロワイヤル＊ヴァンドーム＊サントノレ……………………………… 6

サン・ドニ通り＊モントルグイユ……………………………………………… 20

マレ地区…………………………………………………………………………… 34

カルティエ・ラタン＊オデオン………………………………………………… 48

サン・ジェルマン・デ・プレ＊セーヴル・バビロン………………………… 62

シャンゼリゼ＊アルマ…………………………………………………………… 76

グラン・ブルヴァール＊マルティール通り…………………………………… 90

フォーブール・サン・ドニ＊サン・マルタン運河…………………………… 104

オベルカンフ＊ベルヴィル＊メニルモンタン………………………………… 118

バスティーユ＊アリーグル……………………………………………………… 132

ビュット・オ・カイユ＊ダンフェール・ロシュロー………………………… 146

オートゥイユ＊ヌイイ＊パッシー……………………………………………… 160

バティニョル＊テルヌ…………………………………………………………… 174

モンマルトルの丘………………………………………………………………… 186

索引………………………………………………………………………………… 202

ある街角のパリジェンヌ

ヴァンドーム広場
マルシェ・サントノレ通り
サントノレ通り
パレ・ロワイヤルの回廊
リヴォリ通り
ジャン・ジャック・ルソー通り
ロワイヤル通り
サン・ロック通り

パレ・ロワイヤル

ヴァンドーム

サントノレ

「メイド・イン・パリ」の高級品やオートクチュールの中心地。ここには、本場パリのお洒落のエッセンスと、フランスの技術の粋がある。でも、エレガントなものを見つけることができるのは、ブランドショップだけではない。きらびやかではないけれど、高いお金を払わずにオシャレなパリを満喫するための方法がここにはある。

Do it in Parisのアプリやdoitinparis.comのサイトには、さらに多くのとっておきスポットが常時掲載されている。

とっておきのパリ

ショッピングをする
モード・美容

トレンドの殿堂
コレット　Colette

サントノレ通りの高級ブティックという枠にはおさまりきらない、セレブたちも通う最先端のセレクトショップ。アライア、セリーヌ、セラファン、ケ・ド・ヴァルミ、キツネなど、最高の品ぞろえにうっとりさせられる。でもそれだけではない。オーナーのコレット・ルソーと娘のサラはかれこれ15年近く、オートクチュールの領域にとどまらない、広い意味でのアヴァンギャルドを追い求めてきた。コレットはモードの壁を取り払い、だれにでもトレンドが身近に感じられるようなスタイルを生み出した。だから有名デザイナーの服の横に、雑貨や日本製ハイテク・ヘッドホン、雑誌、「ラデュレ」のマカロン、ニューヨークのバスケットシューズが置かれていたりする。コンセプトの幅はさらに広がり、体操教室や料理教室も開かれている。店内のプチレストラン「ウォーター・バー」では、ダイエットの心配をしなくてもいいジャン＝ポール・エヴァンの脂肪分ゼロのチーズケーキが味わえる。

トレンドの殿堂といわれる高級セレクトショップ。コレット・ルソーと娘のサラが運営するこの店には、デザイナーブランドの服、ハイテク品、世界の雑誌がならび、17年前からセレブたちをひきつけている。店内のレストラン「ウォーター・バー」も絶品。

213, rue Saint-Honoré, 1er／地下鉄 Tuileries
01 55 35 33 90
colette.fr
日曜定休

パレ・ロワイヤル＊ヴァンドーム＊サントノレ

お手頃なグラフィカルシック
アンド・アザー・ストーリーズ   & Other Stories

    スタイリッシュでリーズナブルなH&Mの高級ブランド。H&Mブランドの「普及品」よりもシックで個性的。パリの2店舗は、「デザイナーズ」風ジュエリーや、グラフィカルなアイテム、カシミアの高級コートなどで人気を博している。トレンドにアレンジをくわえたマスキュリン＆フェミニンスタイルのファッションが楽しめる。

パリにふたつの店舗をもち、リーズナブルでスタイリッシュなファッションを提供するH&Mの高級ブランド。「デザイナーズ」風ジュエリーや、トレンドを意識したマスキュリン＆フェミニンなアイテムがそろっている。

277, rue Saint-Honoré, 1er/地下鉄 Concorde
01 53 32 85 05
stories.com/fr
日曜定休
姉妹店
35, rue Montmartre, 2e/地下鉄 Sentier
01 80 48 93 10

魔法の粉
エルボリストリ・デュ・パレ・ロワイヤル   L'Herboristerie du Palais-Royal

    日々のちょっとした病をいやしてくれる、おばあちゃんの知恵にあふれた薬草店。レトロなくすり屋のような店で、植物のスペシャリストたちが、体にやさしくて効きめのある療法を数十年前から提供している。消化不良、不眠症、肥満といったあらゆる症状に対して、ハーブティー、軟膏、精油など、さまざまな処方がある。

数十年前からあるレトロな薬草店には、おばあちゃんの知恵があふれている。体にやさしくてよく効く療法で、ちょっとした病をいやしてくれる。さまざまな天然処方を提供している。

11, rue des Petits-Champs, 1er/地下鉄 Pyramides
01 42 97 54 68
herboristerie.com
日曜定休

とっておきのパリ

いにしえの香りが現代のコロンに
アトリエ・コローニュ　Atelier Cologne

工場のような雰囲気を漂わせたブルックリンスタイルの香水店。ヴィンテージの香りを当世風にアレンジして、まさに通好みのフレグランスを作り上げた。「オレンジ・サンギン（ブラッドオレンジ）」、「ス・ル・トワ・ド・パリ（パリの屋根のド）」、「バニラ・アンサンセ（すばらしいバニラ）」、「ミストラル・パチュリ」といった詩的なネーミングにふさわしい香りだ。フランス製アロマキャンドルや、昔ながらの石鹸などは、値頃なうえにおしゃれなプレゼントにもなりそうだ。シックをきわめたいなら、数十ユーロ払えば革製ボトルカバーにイニシャルを入れてもらうこともできる。

© ATELIER COLOGNE

ブルックリンスタイルの工場のような香水ショップ。ヴィンテージの香りを現代的なフレグランスに変えた。メイド・イン・フランスのアロマキャンドルや、お手頃価格の昔ながらの石鹸など、ギフト向きの商品も豊富にそろっている。

8, rue Saint-Florentin, 1er / 地下鉄 Tuileries
01 42 60 00 31
ateliercologne.fr
日曜定休

*

パレ・ロワイヤル、シックな回廊

若手クリエーターや、流行の最先端にいるデザイナーやブランドは、パリで最も美しい庭園の回廊に店をかまえようとする。かつてルイ13世が訪れ、国務院やコメディ・フランセーズや文化省の建物に囲まれたパレ・ロワイヤル庭園だ。散歩がてらのんびりと「マーク・ジェイコブス」や、「オランピア・ル＝タン」のウインドーショッピングもできる。「ディディエ・リュド」のヴィンテージドレス、「メゾン・ボネ」のオーダーべっ甲メガネ、「メゾン・キツネ」のポロシャツなどを見るのもいい。素敵なオルゴールや、「セルジュ・ルタンス」の香水、パパへのプレゼントにパイプなどを衝動買いするのも悪くない。

パリで最も美しい庭園の、歴史を感じさせる回廊をめぐってみよう。「マーク・ジェイコブス」や「オランピア・ル＝タン」の新作、「ディディエ・リュド」のヴィンテージドレス、「メゾン・ボネ」のメガネ、「セルジュ・ルタンス」の香水だけでなく、すてきな掘り出し物がありそうなブティックがならんでいる。

*

パレ・ロワイヤル＊ヴァンドーム＊サントノレ

ショッピングをする
インテリア

シックの魅力
アスティエ・ド・ヴィラット　Astier de Villatte

　かつて雑貨屋があったサントノレ通り173番地に、アスティエ・ド・ヴィラットの美しい陶器がところせましとならんでいる。きしむ床や古びたタイルや形のゆがんだ階段がアンティークな雰囲気を醸し出している。3つのフロアには、さまざまな香りが入りまじり、古めかしい薬局にあるような大きな棚には、ほかでは見られないアイテムの数々。ハンドメイドの陶器やテーブルウエア、蓋つきでならべられている魅惑的な香りのキャンドル、さらには、フレグランス消しゴム、シンクに堂々と置けるレトロなボトル入りの食器洗剤といった変わり種もある。

3つのフロアに分かれた楽しいバザールのような店。アスティエ・ド・ヴィラットの美しい陶製品が、薬棚のような棚にならんでいる。ハンドメイドの陶器、アロマキャンドルのほか、めずらしいアイテムがあふれている。

173, rue Saint-Honoré, 1er/ 地下鉄 Palais-Royal-Musée-du-Louvre
01 42 60 74 13
astierdevillatte.com
日曜定休

とっておきのパリ

型破りのインテリア
シンク・アンド・モア　Think & More

　情熱的なクリエーター、ラリー・アランとモルガン・フォディンが立ち上げたインテリアショップ。彼らの感性でセレクトしたものを集めたシックでトレンディな店。70年代の壁紙、グラフィティアートの椅子、鳥の名前を刺しゅうした帆布、奇抜な照明器具（彼らが得意とするものだ）、デザイナー家具、現代的な食器などなど、ユニークなものであふれている。ときには無名アーティストの展示会も開かれる。

情熱的なふたりのデザイナーが立ち上げたインテリアショップ。シックな店内には、70年代の壁紙からデザイナー家具まで、彼らの感性にマッチしたものが集められている。ユニークなものであふれるこの店をのぞきに行こう！

108, rue Saint-Honoré, 1er/地下鉄 Louvre-Rivoli
01 40 26 18 51
thinkandmore.com
日・月曜定休

実用品との楽しい語らい
ソンセット・リヴォリ　107Rivoli

　スタイリッシュでないものはいや、という人におすすめなのが、この装飾美術館のコンセプトショップ。300平方メートルの店内は、建築デザイナーのマティルド・ブレティヨによって演出されたもの。文房具や玩具、ファッション、食器やインテリアなどのコーナーがある。「ヴェルリ・デ・リュミエール」の吹きガラス、「アレッシ」「ヴィトラ」「ガエターノ・ペッシェ」の雑貨や家具、ドイツの陶磁器など、世界各地から集められたアイテムが、お手頃価格のものから豊富にそろっている。

300平方メートルの広さをもつ装飾美術館のコンセプトショップ。文房具や玩具、ファッション、食器など、世界各地のアイテムのほとんどが、リーズナブルな価格で買える。

107, rue de Rivoli, 1er/地下鉄 Tuileries
01 42 60 64 94
lesartsdecoratifs.fr
月曜定休

パレ・ロワイヤル＊ヴァンドーム＊サントノレ

ひと休みする
グルメ

トリュフ商会
アン・ジュール・ア・ペラソル　Un jour à Peyrassol

　「黒いダイヤ」とも呼ばれるトリュフが大好き、でもプロヴァンスに行ってトリュフ三昧をする時間もお金もない。そんな人に朗報だ。この小さなレストランに行けば、地元産トリュフ（冬トリュフ、ペリゴールトリュフ）の料理を、プロヴァンスのロゼワインとともに味わえる。黒板に書かれたメニューは、ジャガイモのトリュフクリーム煮、ニョッキのトリュフぞえ、スクランブルエッグ、サラダとトリュフチップといったもの。舌が喜ぶごちそうだ！

たっぷりのトリュフがこの店の目玉。だからプロヴァンスには行けなくても、地元料理を出してくれるこの小さなレストランに食べに行こう。

13, rue Vivienne, 2^e/地下鉄 Bourse
01 42 60 12 92
unjourapeyrassol.com
土・日曜定休

とっておきのパリ

レアそれともミディアム？
ル・ビーフ・クラブ　Le Beef Club

　カクテルバーをパリにオープンさせて大成功を収めたエクスペリメンタル・カクテルクラブ。今度はレ・アル地区の中心地にブリティッシュ・ステーキハウスを開いた。肉業界のスター、イヴ＝マリ・ル・ブルドネックがニューヨークシャーからの肉を厳選している。極上の肉がスペイン製オーブンに入れられて、400度の高温で焼かれ、煙とバーベキューの匂いを漂わせながら皿に移される。チーズのマカロニグラタンかホウレンソウをそえて。おすすめは色どり豊かなハンバーガー。自家製ゴマつきバンズに、セシーナ（干し豚肉）、かりかりに焼いた胸肉、ピクルス、熟成チェダーチーズ、ウイスキーソースがサンドされている。

パリのハンバーガーマニアのために、エクスペリメンタル・カクテルクラブが、レ・アル地区の中心地にブリティッシュ・ステーキハウスを新たにオープンした。

58, rue Jean-Jacques-Rousseau, 1er/地下鉄 Les Halles
09 54 37 13 65
土・日曜はディナーのみ

ニッポンのビストロ
国虎屋2　Kunitoraya2

　料理のクロスオーバー万歳！この店ではうどん（温かいか冷しで）が食べられる。お好みで野菜や海老の天ぷら、納豆、海苔などをそえて。内装はいかにも「パリっ子」風カフェの趣。体にやさしくておいしいセットメニューもある。サービスは迅速で値段もお手頃。

うどんだけでなく、野菜や海老の天ぷらといった日本食を食べたいなら、この店に行ってみよう。値段も手頃でサービスも迅速。

5, rue de Villedo, 1er/
地下鉄 Pyramides
01 47 03 07 74
kunitoraya.com/villedo
日曜夜・月曜定休

パレ・ロワイヤル＊ヴァンドーム＊サントノレ

ショッピングをする
グルメ

朝食の友
クラウス　Claus

　ジバンシィのスタッフだったクラウスが、朝食のコンセプトショップを開いたとき、パリはあっと驚いた。食料品コーナー(エピスリー)の棚には、あれこれ悩まなくても最高のブランチを楽しめそうなものばかり。「マドモワゼル・オーラン」ブランドのグルテンフリー・スプレッドやメープルシロップ、自家製のおいしいグラノーラやミューズリもある。アマの種子・ゴマ・カボチャ、アガベシロップ、「アラン・ミリア」の極上ジュースなどをベースにしたシリアルだ。2階のサロン席は、ブランチをしたり、スモークサーモンの軽食をつまんだりするのにぴったり。

ジバンシィの元スタッフが開いた、一日で最も大切な食事である朝食のためのコンセプトショップ。テイクアウトもできるし、ポップなサロンで食べるのも楽しい。

14, rue Jean-Jacques-Rousseau, 1er／地下鉄 Les Halles
01 42 33 55 10
clausparis.com
年中無休

とっておきのパリ

スイーツのオートクチュール
セバスチャン・ゴダール　Sébastien Gaudard

　天才パティシエ、セバスチャン・ゴダールが、フランス風サロン・ド・テの伝統をエレガントによみがえらせた。シックな美食家のもてなしは、ビロードと大理石が特徴的な19世紀風のインテリア、ケーキスタンドで提供される絶品のババ・オ・ラム（サヴァラン）、めずらしい直方体型のブリオッシュ、バターがほどよいサクサクのクロワッサン、非の打ちどころのないルリジューズ。そして家で食べたいという人のために、1階は持ち帰り用のパティスリーになっている。

才能あるパティシエがオープンさせたエレガントなサロン・ド・テは、ビロードと大理石をもちいた19世紀風インテリアが特徴。サクサクのクロワッサンや、さまざまなスイーツを提供している。持ち帰り用のパティスリーもある。

パティスリー＝サロン・ド・テ・デ・ピラミッド
Pâtisserie-salon de thé des Pyramides
1, rue des Pyramides, 1er/地下鉄 Tuileries
01 71 18 24 70
sebastiengaudard.com
月曜定休
姉妹店
パティスリー・デ・マルティール
Patisserie des Martyrs
22, rue des Martyrs, 9e/地下鉄 Notre-Dame-de-Lorette
01 71 18 24 70

まるでリゾート地にいる気分
エキュム・サントノレ
Écume Saint-Honoré

　とてもおしゃれな魚屋さん。大西洋沿岸から魚や、カキなどの貝類が直送されてくる。奥には、高いテーブルと椅子。カモメの鳴き声や霧笛が聞こえてきそうな雰囲気のイートインスペースになっている。夕食前にお酒を楽しむアペロの時間には、カキを1ダース、あるいは海産物を一皿と白ワインをオーダー。食べ終わったら、ちょっと仕入れにきましたという感じで夕食のおかずを小脇にかかえて店を出る。自家製のタラマやブリニ（そば粉のパンケーキ）、絶品の魚スープ、地下のワイン貯蔵庫から出してきたワインボトル。ここには潮風が吹いている。

この高級魚店には海からの風が吹いてくる。食前にカキ1ダースをたいらげることもできるし、魚スープ、あるいはタラマとブリニ、それによく冷えたワインボトルを買って帰ることもできる。

6, rue du Marché-Saint-Honoré, 1er/
地下鉄 Palais-Royal-Musée-du-Louvre
01 42 61 93 87
日・月曜定休

とっておきのパリ

発見する
カルチャー

ルーヴルにある、ケ・ブランリー美術館のサテライト
パヴィヨン・デ・セシオン・デュ・ミュゼ・デュ・ルーヴル
Pavillon des Sessions du Musée du Louvre

　1909年のこと、詩人のアポリネールはルーヴルに原始美術のセクションを設けるべきだと主張した。100年近くあとに、ようやくそれが実現する。2000年4月、ルーヴルに世界中から集められた108点が展示された。鑑賞しやすいようにすっきりとした空間になっている。アフリカ、アジア、オセアニア、南北アメリカの傑作をぜひ見ておこう。メキシコの多産豊饒の女神チュピカロ（ケ・ブランリー美術館の象徴）が印象的だ。

原始美術が大好きならぜひ行ってみよう。ルーヴル美術館の特別展示室に、世界各地の108点のオブジェが、ゆったりと鑑賞できるよう展示されている。

Musée du Louvre, 1er/地下鉄 Louvre-Rivoli
01 40 20 50 50
louvre.fr
月曜定休
入館料 15ユーロ

パレ・ロワイヤル＊ヴァンドーム＊サントノレ

ベル・エポックにタイムスリップ
マキシム・アールヌーヴォ美術館　Musée Art nouveau chez Maxim's

　レストラン「マキシム」のオーナー、ピエール・カルダンは、ベル・エポックをこよなく愛していた。現在、世界中から集めた550点以上のコレクションが店内に展示されている。この美術館は、ある高級娼婦が住んでいたアパルトマンを再現したもの。見学者は3つのフロアをめぐって、客間やベランダや寝室に飾られたガレ、マジョレル、ティファニーといった巨匠のブロンズ像やガラス細工や陶製品を見てまわることができる。まさにタイムスリップだ。

ピエール・カルダンの美術館を訪れて、ベル・エポックにタイムスリップしよう。有名なマキシム・レストランの中には、ガレ、マジョレル、ティファニーなどの550点以上のコレクションがある。

3, rue Royale, 8^e/地下鉄 Concorde
01 42 65 30 47
月・火曜休館

© S. AGEORGES

maximes-de-paris.com/fr/le-musee
入館料 ガイド付き 20ユーロ　割引料金 10ユーロ

実用品が美術品になるとき
装飾美術館　Musée des Arts décoratifs

　日常生活に使われていたものが展示されているユニークな美術館。中世の祭壇画、17世紀の食器棚やたんす、アンピール（第1帝政）様式の家具、アール・ヌーヴォ、陶製品やデザイナーズチェアのコレクションもある。10部屋からなる「時代の部屋」もお見のがしなく。中世末期のオーヴェルニュ地方の城館の寝室、1795年頃のヴァンドーム広場の邸宅の客間、1925年にデザイナーのジャンヌ・ランヴァンが使っていた青い部屋などを見ることができる。美と実用性、創造と工業がここでは見事に調和している。

中世から現代までの装飾やファッションを展示する美術館。10室の「時代の部屋」は必見。ジャンヌ・ランヴァンの青い部屋もある。

107, rue de Rivoli, 1er/地下鉄 Tuileries
01 44 55 57 50
lesartsdecoratifs.fr
月曜休館、通常は18時までだが木曜日は21時まで開館
入館料 11ユーロ　割引料金 8.5ユーロ

ある街角のパリジェンヌ

エティエンヌ・マルセル通り
サン・ドニ通り
モントルグイユ通り
ジュール通り
モンマルトル通り
ティクトンヌ通り

サン・ドニ通り

モントルグイユ

歴史の中心地でありながら、いかがわしい店や女たちがはびこる地域でもあるという、相反するふたつの顔を持っていたエリア。時はうつり、今ではおしゃれなバーやコンセプトショップ、クラブやビストロが立ちならぶスポットとなっている。

Do it in Parisのアプリやdoitinparis.comのサイトには、さらに多くのとっておきスポットが常時掲載されている。

とっておきのパリ

ショッピングをする
モード・美容

シニョン専門カウンター
ディダクト・ヘア・ビルディング　Didact Hair Building

　カンヌ映画祭で見かける女優たちのような、ふわっとくずした髪型や、ロマンティックな三つ編みアレンジも夢じゃない。サン＝トゥスタッシュ教会の石壁に隣接するこのエコロジカルなサロンには、洗練されたスタイルを手頃な料金で提供するヘアカウンターがある。モデルの写真から好きな髪形を選べば、35ユーロ、30分でパリコレ仕込みのおしゃれなヘアスタイルにしてくれる。あっというまに、すてきに変身！

サン＝トゥスタッシュ教会近くのオーガニック・ヘアサロン。たった35ユーロで、リストの中から選んだシニョンやロマンティックな三つ編みヘアにしてくれる。

2, rue du Jour, 1er/地下鉄 Les Halles
01 82 28 30 10
didact-hair-building.com
日・月曜定休

サン・ドニ通りモントルグイユ

レディたちを幸せにする、ニュータイプの手芸店

ザラのセーターをアレンジする。おしゃれなベルトを手作りする。それがパリジェンヌたちの「スタイル」。彼女たちの強い味方が、ニュータイプの手芸用品店。ワードローブを自分で作ったり、アップグレードするための、まさに宝箱だ。手芸好きのおばあちゃんたちばかりなどと思ったら大まちがい。お客のほとんどは、流行に敏感だけれど、そんなにお金はかけられないという若い女の子たちだ。個性的なボタン、リボン、スパンコール、ビーズ、流行色の糸などを買っていく。お気に入りの店は、1975年から変わらぬ人気を集めている**ラ・ドログリー**、そして新たによみがえったブランド、**サジュー**だ。

自分の服をカスタマイズするのを楽しむスタイリッシュなパリジェンヌたちは、ニュータイプのふたつの店に一目散にかけつける。宝箱のような店で、個性的なボタン、トレンディなスパンコール、カラフルな糸やビーズなどが買えるから。

ラ・ドログリー　La Droguerie
9 & 11, rue du Jour, 1er/ 地下鉄 Les Halles
01 45 08 93 27
ladroguerie.com
日曜定休

サジュー　Sajou
47, rue du Caire, 2e/ 地下鉄 Sentier
01 42 33 42 66
sajou.fr
日曜定休

オーダーメイドの香り
ロロール・パリ　L'Aurore Paris

マリー＝アントワネットの部屋を思わせるパウダーピンクのサロンで、理想の香りのアロマキャンドルをつくってみよう。いくつかの香り（たとえばオレンジの花、クローブ、スミレ、革など、どれも香水のメッカであるグラースでつくられたもの）を、自分の好みや、お気に入りの嗅覚記憶によって調合する。そこにロウを流し込んだら、キャンドルができあがるまで数日間待つ。美しいキャンドルグラス（南フランスのビオットでつくられた吹きガラス）に自分の名前を彫ったらできあがり。

マリー＝アントワネットの部屋のようなパウダーピンクのサロンで、グラース製の天然の香りをつかった理想のキャンドルをつくることができる。ビオット製のエレガントなキャンドルグラスに自分の名前を彫ることもできる。

39, rue Saint-Sauveur, 2e/ 地下鉄 Sentier
01 40 26 57 88
lauroreparis.com
日・月曜定休

とっておきのパリ

ショッピングをする
インテリア

言葉があふれる…
アトリエ・キディモ　Atelier Kidimo

　ニコラ・フラショとティエリー・ブリュエルのふたりが、世界中の骨董店や古物市で集めてきたのは、めずらしい「文字」。その貴重なコレクションを展示販売しているのが、アトリエ・キディモだ。ヴィンテージ看板の文字は大小さまざまだけれど、オリジナルでユニークなものばかり。寝室やキッチンやリビングをスタイリッシュにしてくれそうだ。つねに1500以上の母音や子音を取りそろえていて、定期的な入れ替えも行なっている。素材や文字の形などをお好みで組み合わせれば、おしゃれなインテリアになることうけあいだ。

アトリエ・キディモでは、世界中のフリーマーケットから集めてきた、あらゆるサイズ、形、色のアルファベット文字が展示販売されている。

227, rue Saint-Denis, 2ᵉ／地下鉄 Réaumur-Sébastopol
kidimo.com
予約でのみ受け付け　contact@kidimo.com

サン・ドニ通りモントルグイユ

レトロな自転車
アン・セル・マルセル
En selle Marcel

　レトロな自動車に続いて、レトロな自転車がブームになっている。自転車泥棒なんかこわくないという肝のすわったパリジャンにとっては、なくてはならない道具だ。店内にはパステルカラーや、からし色の真新しい自転車もあれば、パリ・ルーベ間の自転車レースを走りぬいたという自転車もある。それを買い取って修理したという。快適でいかにもイギリスらしい「Brooks」の革サドルなど、ユニークな限定版の付属品もとりそろえている。

パリでは自転車が新たなブームとなっている。このショップには、あらゆる色やサイズのスタイリッシュな自転車がそろっている。ブルックスのサドルのような付属品もある。

40, rue Tiquetonne, 2e/地下鉄 Étienne-Marcel
01 44 54 06 46
ensellemarcel.com
日・月曜定休

トロピカルなインスピレーション
ブラジリーニ　Brazilini

　ミカエル・ド・ナシメントが、リオデジャネイロ、南アフリカ、オーストラリアから、最先端のデザイナーたちの作品を集めたコンセプトショップ。「陽気な市場」のような店内には、ブラジルのシルクスクリーン、陶製タイルに見せかけた粘着シート、サンパウロのポップアートクッション、ココナツの香りがするオーストラリアのキャンドルなどがならんでいる。カリエンテ（熱い）な宝石箱が元気をあたえてくれる。

ミカエル・ド・ナシメントの熱いコンセプトショップには、リオデジャネイロから、南アフリカ、オーストラリアまで、各地のトレンディなデザイナーたちの作品がそろっている。だからあとは好きなものを選ぶだけ。

38, rue Greneta, 2e/地下鉄 Étienne-Marcel
09 83 24 25 35
brazilini.com
日曜定休

とっておきのパリ

ひと休みする
グルメ

カリフォルニア風の寿司
ライス・アンド・フィッシュ　　Rice & Fish

　日本とサンフランシスコがフュージョンした日本料理の店。英語が話せるすてきなスタッフが、目の前で寿司や太巻きを握ってくれる。アボカドとマヨネーズと大エビを巻いたパリパリの太巻き、カレー風味の魚とご飯の「フィッシュボウル」。野菜の天ぷらやデザートのチーズケーキもある。カウンター席はほとんど空きがない（安いから！）。13時より前か、14時以降に行くのがおすすめ。

東京とサンフランシスコのすばらしいフュージョンというのがこの店のセールスポイントで、英語も通じる。おいしい寿司や調理した魚のほか、チーズケーキもある。こみあうので、午後1時より前か、午後2時以降に行くのがおすすめ。

22, rue Greneta, 2ᵉ／地下鉄 Étienne-Marcel
01 73 70 46 09
日曜定休

サン・ドニ通りモントルグイユ

海鮮ビストロ
ラ・マレ・ジャンヌ　La Marée Jeanne

　デザインされたインテリアにクールなカウンター、ハイテーブルやテラス席のあるこの海鮮ビストロは、デートや仲間どうしの食事をいつでも印象的なものにしてくれる。小皿や大皿で提供される魚介中心のメニューは新鮮そのものだ。小魚フライのマヨネーズ添え、からすみのポタージュ、肉厚のカキをそえたスズキのタルタルステーキといった料理が、パンとボルディエのバター、選ばれたワインとともに登場する。おいしくてシンプルで、海のようにリフレッシュさせてくれる。

クールなカウンターやハイテーブルやテラス席のある、このスタイリッシュな海鮮ビストロなら、ロマンティックなデートや仲間どうしの食事をいつでも盛り上げてくれる。魚介は新鮮で、えりぬきのワインが用意されている。

3, rue Mandar, 2^e/ 地下鉄 Sentier
01 42 61 58 34
lamareejeanne.com
年中無休

とっておきのパリ

グルメストリート
ニル通り　La rue du Nil

　スーパーシェフのグレゴリー・マルシャンがここにやってきて、「フレンチー」グループの店（ネオビストロ、ワインバー、テイクアウトカウンター）を次々にオープンさせると、人気の食材店も軒をつらねるようになり、小さなニル通りは、流行の先端をいくフードストリートに変身した。有名シェフたちの仕入れ先「テロワール・ダヴニール」はここに、イル＝ド＝フランス地方や、沿岸地方の小規模生産者の野菜や肉や魚を売る食料品店をかまえている。コーヒー豆の店「ラルブル・ア・カフェ」は、アラビカ豆など一級品を扱っている。通りの入口には「フレンチー」のワインカーヴ（貯蔵庫）がある。

スーパーシェフのグレゴリー・マルシャンが、「フレンチー」グループの店（ネオビストロ、ワインバー、テイクアウトカウンター）を開いて以来、小さなニル通りには食材店が軒をつらねるようになり、おしゃれでトレンディなフードストリートに変身した。

地下鉄 Sentier

カクテル・マニア

モントルグイユ通りの周辺にはバーがひしめいている。新世代のおしゃれなカクテルバー、**エクスペリメンタル・カクテルクラブ**はいつも満員だ。入りそびれてしまった人は、真向かいにある**ジェフリーズ**へ。ホテルの高級バーのようなカクテルを味わえる。

モントルグイユ通りの周辺に、新世代のカクテルクラブがオープンした。

エクスペリメンタル・カクテルクラブ　Expérimental Cocktail Club
37, rue Saint-Sauveur, 2e/地下鉄 Sentier
01 45 08 88 09
年中無休
ジェフリーズ　Jefrey's
14, rue Saint-Sauveur, 2e/地下鉄 Sentier
01 42 33 60 77
jefreys.fr
日・月曜定休

サン・ドニ通りモントルグイユ

ショッピングをする
グルメ

お手頃価格で飲める
マ・カーヴ・フルーリ　Ma Cave Fleury

　むやみに高いワインを飲むのはやめて、この店ではフルーリのシャンパーニュを味わおう。フルーリ家は、シャンパーニュ地方の有機栽培のパイオニアで、品質に厳しいデュカスの店のソムリエにも選ばれている。そんなフルーリ家のパリジェンヌ、モルガーヌがシャンゼリゼにアンテナショップを開いた。グラスワインに、チーズやシャルキュトリ（食肉加工食品）の皿もついてくる。

フルーリ家のモルガーヌが開いた店。フルーリの最高品質のシャンパーニュを、チーズやシャルキュトリといっしょにお手頃価格で味わえる。

177, rue Saint-Denis, 2e/地下鉄　Étienne-Marcel
01 40 28 03 39
macavefleury.wordpress.com
日曜定休

老舗食材店
ル・コントワール・ド・ラ・ガストロノミー
Le Comptoir de la Gastronomie

ゾラの小説『パリの胃袋』からそのまま抜け出てきたような、昔ながらの店。フォアグラ、スモークサーモン、トリュフの缶詰がきちんと棚にならべられている。魚以外は、どれもフランス産。通りすがりについ入ってみたくなる。テラス席か店の奥のレストランで、評判の正統派グルメを味わえる。サラダ・フォル、サーモン料理、それに本場のカスレ。上質ハムと熟成チーズのサンドウィッチがおすすめ。

フランス産の高級食材が買えるだけでなく、テラスや店内の席で絶品サンドウィッチも食べられるグルメなお店。

34, rue Montmartre, 2e/地下鉄 Les Halles
01 42 33 31 32
comptoir-gastronomie.com
日曜定休

カクテルのテイクアウト
カーヴ・ア・コクテール　Cave à Cocktail

　カクテルは、カクテルバーだけの専売特許ではない。このカーヴでは、オーソドックスなカクテルや、カクテルバー「ル・フォロム」(マレゼルブ大通り)の元バーテンダーが考案したカクテルを自由に選ぶと、すぐに調合してくれる。ボトルで持ち帰り、高級ホテルのバーで気取って飲むようなシックなお酒を、家で味わうことができる。おすすめは、バジルとジンとニワトコシロップをベースにした「バジル・インスティンクト」。さらに完璧を求めるなら、専用のカクテルグラスを買うこともできる。

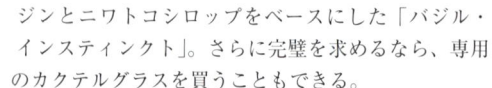

カクテル通も、きっとこのワインセラーが気に入るだろう。カクテルを選ぶとすぐに調合してくれるので、ボトルに入れて家に持ち帰り、高級ホテルのバーで飲むように味わうことができる。おしゃれなカクテルグラスも売られている。

62, rue Greneta, 2e/地下鉄 Réaumur-Sébastopol
09 54 55 50 00
cave-cocktail.com
日・月曜定休

サン・ドニ通りモントルグイユ

発見する
カルチャー

パナムと第7芸術
フォーラム・デ・ジマージュ　Le Forum des images

　近未来的な内装と安い入館料で、映画ファンが一目置くフォーラム。5つの映写室をそなえ、テーマにそった連続上映や、フェスティバル、子ども向け作品の上映などを定期的に行なっている。さらには、「パナム」と呼ばれた20世紀初め頃のパリ（パナマ運河を掘る労働者たちがかぶっていたパナマ帽がパリで流行したことから）の保存庫でもある。当時のパリを舞台にした5000本の映画を自由に鑑賞することができる。

映画ファンもここなら大満足。5つの映写室があり、テーマによる連続上映や子ども向けの上映などが行なわれている。パリを舞台とする5000本のコレクションは必見。

Forum des Halles, niveau-3 : 2, rue du Cinéma, 1er / 地下鉄 Les Halles
01 44 76 63 00
forumdesimages.fr
年中無休

とっておきのパリ

マニアのためのセンター
ラ・ゲテ・リリック　La Gaîté Lyrique

　1万1000平方メートルの広さを誇る、テレビゲーム、デジタルアート、電子音楽のマニアたちのためのパラダイス。もとは劇場だったが、今では最先端の現代アート表現のためのメディアセンターになった。音楽、アニメ映画、演劇、舞踊、ヴィジュアルアート、デザイン、建築、コンピュータプログラム、モードなど、さまざまな分野に及んでいる。コンサートやミキシング、映写会、展覧会、会議などもつぎつぎと開催されている。初心者向けや中級者向けのさまざまなワークショップも行なわれている。現代を知るのにうってつけのセンターだ。

マニアたちのパラダイス。もとは劇場だったが、今では音楽・演劇からヴィジュアルアート、インターネットウェブまで、幅広い現代のアート表現のための場となっている。

3 bis, rue Papin, 3ᵉ/地下鉄 Réaumur-Sébastopol
01 53 01 52 00
gaite-lyrique.net
月曜定休

32

みんなのための科学
パリ工芸博物館　Musée des Arts et Métiers

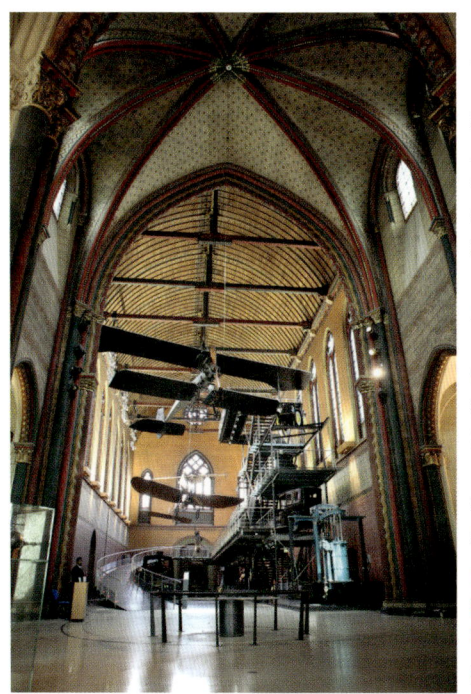

パリ工芸博物館には、家族で見学したいすばらしいコレクションがある。45分間の、18、19、20世紀のからくり装置のデモンストレーションも月3回ほど行なわれる。定員が限られているので、デモンストレーションの30分前には予約しておこう。こうした機械装置と並んで、シャルトル公の子供たちの家庭教師として名高いジャンリス夫人が作らせた模型も展示されている。彼女が教えた子供たちのひとりは、のちのフランス国王ルイ＝フィリップだ。ブレリオの飛行機が天井からつるされている礼拝堂も見逃せない。

1794年に、科学的器械や発明を保管するために創設された博物館。ぜひ家族で訪れたい場所だ。

60, rue Réaumur, 3ᵉ/地下鉄 Arts-et-Métiers
01 53 01 82 00
arts-et-metiers.net
月曜休館
入館料　8ユーロ
割引料金　5.5ユーロ

ある街角のパリジェンヌ

ブルターニュ通り
ドベレム通り
ヴォージュ広場
ポワトゥー通り
シャルロ通り
サントンジュ通り
フラン・ブルジョワ通り
アルシーヴ通り

マレ地区

流行の最先端をいくブルターニュ通りから、ヴォージュ広場までの一帯はマレ地区と呼ばれる。かなり観光地化したとはいえ、高感度なエリアであることに変わりはない。ここでは歴史とアートとおしゃれをめぐる散歩が楽しめる。かつての大邸宅はトレンディなビストロや現代アートのギャラリーに変わり、ショコラティエは宝石のようなチョコレートをならべている。新進気鋭のクリエーターや個性的なフローリストたちが集うエリア。

Do it in Parisのアプリやdoitinparis.comのサイトには、さらに多くのとっておきスポットが常時掲載されている。

とっておきのパリ

ショッピングをする
モード・美容

えりぬきのアイテム
マティエール・ア・レフレクシオン
Matières à Réflexion

　ずっと以前から、マティエール・ア・レフレクシオンのデザイナーたちは、ヴィンテージの柔らかいレザージャケットと、古い真鍮の金具を組み合わせて、個性的なバッグを手作りしてきた。現在、この魅力的な店舗兼アトリエでは、約20のブランドのアクセサリー、バッグ、靴、プレタポルテなど、最先端のコレクションもとりそろえている。セッスンの軽やかなドレス、パトリシア・ブランシェのレトロなショートブーツ、メディソン・ドゥースのゴールドリング、マ・ポエジーのグラフィカル柄スカーフなど。いつまでもくりかえし身につけたくなるようなアイテムばかりだから、誘惑に負けてしまいそうだ。

この魅力的な店舗兼アトリエには、ヴィンテージ・レザーで作られたトラディショナルなバッグや、最新流行のアクセサリー、靴、グラフィカル柄スカーフ、プレタポルテなど、お気に入りになることうけあいのアイテムがそろっているから、ついつい手が伸びてしまいそう。

19, rue du Poitou, 3e/地下鉄 Saint-Sébastien-Froissart
01 42 72 16 31
matieresareflexion.com
姉妹店　20, rue Houdon, 18e/地下鉄 Pigalle　01 42 55 40 85

ミニ・ビューティ
リチュアルズ　Rituals

　一流コスメブランドにふさわしい製品を提供する、大人気のブランド。でもお手頃価格はあいかわらずだ。そのコンセプトは、世界各地に古くからある美容法や香りをよみがえらせるというもの。ハマムシリーズのアンバーグリス（竜涎香）や桜のシャワージェル、さらには、さまざまなニュアンスのオードパルファムもある。かわいくて食べてしまいたいほどだ。

一流コスメブランドにふさわしい製品を提供する、この大人気ブランドのコンセプトは、世界に古くから伝わる美容法や香りをよみがえらせるというもの。どれもお手頃価格だ。

24, rue Vieille-du-Temple, 4^e/地下鉄 Saint-Paul
01 57 40 67 93
rituals.com
年中無休

チャリティ・ショップ
メルシー　Merci

　高級子ども服ブランドBonpointの創設者マダム・ボンポワンこと、マリー＝フランス・コーエンが、チャリティの一環として創業したコンセプトショップ。その雰囲気はいまも変わらない。かつては織物のショールームだったという、3フロアの広々としたスペースには、一流ブランドや若手デザイナーのベーシックでシックなアイテム、オリジナルのメダル、色合いが繊細なリネンの布団カバーやシーツなどがディスプレイされている。洗練された食器や家具、おしゃれなジュエリーがならぶフロアもある。つねにブランドやテーマにそったクリエーティブな演出がなされているのも魅力だ。メルシーの審美眼は、パリの人々のお手本にもなっている。

マダム・ボンポワンことマリー＝フランス・コーエンが開いた、時代を先どりする社会貢献型のコンセプトショップ。もとは織物のショールームだったという3フロアの広いスペースに、一流ブランドや新進デザイナーのアイテムなどがならんでいる。

111, boulevard Beaumarchais, 3ᵉ/
地下鉄 Saint-Sébastien-Froissart
01 42 77 00 33
merci-merci.com
日曜定休

とっておきのパリ

ショッピングをする
インテリア

壁をスイングさせよう！
ザ・コレクション　The Collection

　アリソン・グラントが2003年にオープンさせたインテリアショップ。ヨーロッパの人気デザイナーたちのコレクションや、これからはやりそうなものがそろっている。イギリス人デザイナー、リサ・スティックリーのタオル、スウェーデンやデンマークのフロアスタンド、デザイナー下着に、オリジナリティあふれる壁を演出するための愉快でおしゃれな壁紙やステッカー。スイートホームをロンドン風にスイングさせてみては。

あなたの部屋を個性的なロンドンスタイルにしたいなら、アリソン・グラントがオープンさせたこのインテリアショップをチェックしよう。愉快な壁紙やステッカー、リサ・スティックリーの家庭用小物、スウェーデンやデンマークのランプスタンドなどがそろっている。

33, rue de Poitou, 3e/地下鉄 Saint-Sébastien-Froissart
09 62 10 47 78
thecollection.fr　　日・月曜定休

グラフィックの楽しみ
パピエ・ティグル　Papier Tigre

「パピエ・ティグル」はフランス製文房具のブランド。各種のメモ帳や手帳、鉛筆、グラフィカルなデザインのトランプ、カレンダー、デスクマット、ビタミンカラーの組み立て式ボックスなどを販売している。どれもポップな色合いで、デザインのセンスが光っている。お手頃価格なので自分で楽しんだり、殺風景なオフィスを一新させたりするのにぴったりだ。

このメイド・イン・フランスのブランドは、ポップなカラーやデザインが特徴。メモ帳や手帳、鉛筆、グラフィカルなデザインのトランプ、カレンダー、DIYキットなど、多彩なステーショナリーをとりそろえている。

5, rue des Filles-du-Calvaire, 3^e/地下鉄 Filles-du-Calvaire
01 48 04 00 21
papiertigre.fr
日曜定休

マレ地区

レトロ家具のパラダイス
イエール・プール・ドゥマン
Hier pour Demain

　アール・デコ、50年代家具、ポップカラー。インテリアショップ「イエール・プール・ドゥマン」なら、どんな好みにも応じてくれる。アリババの洞窟のような店内には、最新流行のインテリアがそろっている。いかにも70年代らしいフォーマイカ（メラミン樹脂）製の家具は、キッチンをおしゃれに演出してくれる。椅子を張り替えるための布地もよりどりみどり。おしゃれなアンティークのインテリアや、ヴィンテージのジュエリー、祖母たち時代のバタフライメガネもある。うれしいことに、自分の家具を手直しして、好みの形にアレンジするためのワークショップもある。

あなたのインテリアの趣味はアール・デコ、50年代、それともポップカラー？　アリババの洞窟のようなこのインテリアショップなら、どれもある。インテリアのリノベーションのためのワークショップも開いている。

4, rue Franc-Bourgeois, 3ᵉ/地下鉄 Saint-Paul
01 42 78 14 29
antiquites-hierpourdemain.com
年中無休

© HIER POUR DEMAIN

とっておきのパリ

ひと休みする
グルメ

寿司ロールとは大違い
ソマ　SoMa

　オープンするや、たちまちこの界隈に住む人たちの行きつけの店となった和風テイストのネオビストロ。派手な石壁に漫画の壁紙、白木のカウンターの向こうで、ラオス人シェフのスラサック・フォンフェトが客たちに出してくれるのは、ホウレンソウのごまソースあえ、タコとキュウリのピクルス、脳みその天ぷらのマヨネーズ添え、クロダイコンを下に敷いたブラックアンガス牛ヒレ肉のテリヤキソースなど、新感覚の日本料理だ。すっきりした日本酒や上等なワインとともに味わうのがおすすめ。

この日本スタイルの小さなビストロは、流行の最先端を行くマレ地区の人たちのお気に入りの店となっている。砂岩の壁に漫画の壁紙、白木のカウンターがある店で、シェフのスラサック・フォンフェトが、新感覚の日本料理で客たちを喜ばせている。日本酒や上等なワインとともに味わいたい。

13, rue de Saintonge, 3ᵉ / 地下鉄 Filles-du-Calvaire
09 81 82 53 51
月曜定休

マレ地区

緑につつまれて特級ワインを味わう
ジャジャ　Jaja

　美食の定番を巧みに組み合わせた軽食、モルトー産ソーセージとモンドールチーズのバーガー、上質なコンテチーズをのせたソバ粉のクロックムッシュ。それだけでなく、オーソドックスなレパートリーにも工夫をくわえている。たとえばラムのすね肉とタルブ産インゲンの塩レモン煮、サーモンのたたきとジャガイモのゴーフルといったぐあいだ。そうした料理を、ワイングラスを片手に、隠れ家的なテラスで味わえる。グラスにそそがれるのは、料理雑誌「Régal」の元編集長で、ワインに精通した店主のジュリアン・フォアンが選んだ特級ワインだ。

料理雑誌の元編集長ジュリアン・フォアンが選んだお酒を飲みながら、トップクラスのフレンチ料理を隠れ家的なテラスで味わえる、ワイン重視のビストロ。

3, rue Sainte-Croix-de-la-Bretonnerie, 4ᵉ/地下鉄 Saint-Paul
01 42 74 71 52
jaja-resto.com
年中無休

カクテルがおいしい店
ル・メアリー・セレスト
Le Mary Celeste

　北マレ地区で異彩をはなつたまり場となっているのが、この小さな名店だ。バーテンダーの達人であるカルロスが、「マルセイヤン」のような風味豊かなカクテルを作ってくれる。「マルセイヤン」は、パスティス、カルダモン、ラズベリーシロップ、スーズ（リキュール）、ノイリー・プラット（ドライベルモット）で作るカクテルだ。世界中の海からとどくカキ（9月から4月まで）や日替わりメニューといっしょに、おいしいカクテルを背の高い椅子に腰かけて味わおう。

北マレ地区にある異空間のような小さな名店。バーテンダーの達人であるカルロスがすばらしいカクテルを作ってくれる。高い椅子に腰かけて、季節の料理といっしょに味わおう。

1, rue Commines, 3ᵉ/地下鉄 Saint-Sébastien-Froissart
09 80 72 98 83
lemaryceleste.com
年中無休　夜間のみ営業

とっておきのパリ

ショッピング
グルメ

スタイリッシュなカートで買い物
マルシェ・デザンファン・ルージュ
Marché des Enfants Rouges

　ここはたしかに人口密度が高い。だっこひもで赤ちゃんをだっこしたお父さんたちもいれば、カートを押していく若いお嬢さんたちもいる。ここにやってくるのはもちろん買い物のためだけれど（データはない）、テーブルのまわりにあるベンチに座って手軽に食事をするためでもある。旅行者たちは、航空券なしで本物の「弁当」や、温かいクスクスを味わえるし、急いでいる人は、マルシェのマスコット的存在であるアランの野菜クレープをほおばればいい。いつものマルシェの光景ではあるけれど、ニューヨークやローマやベルリンからやってくる友人たちから見れば、これぞフランスという感じ。だからきっと喜んでくれるはずだ。

地元の人たちが子ども連れで、さまざまなエスニック料理を食べにくるお気に入りのマーケット。活気に満ちた雰囲気で地元以外の人たちも楽しませてくれる。

38, rue de Bretagne, 3ᵉ/地下鉄 Temple
月曜定休

42

マレ地区

イタリアンな軽食
モーッツァ…！　Mmozza…！

　モッツァレッラのない生活なんて考えられない、という人はこの「貯蔵庫」に駆けこもう。フィオール・ディ・ラッテ（牛乳製モッツァレッラ）を三つ編みにしてスモークしたものや、フレッシュなリコッタ、オリーブオイルやシャルキュトリが、プーリア州の優良農場から毎週送られてくる。軽食コーナーで、ルッコラとトマトを巻いたモッツァレッラをランチにつまむこともできる。

フレッシュなモッツァレッラなしでは生きていけないという人はぜひこの店へ。軽食コーナーで、プーリア州の選りすぐりの農家から届いたものを、生ハムなどといっしょに食べられる。

57, rue de Bretagne, 3^e/地下鉄 Temple
01 42 71 82 98
年中無休

ほんとうに質の良いものを
メゾン・プリソン
Maison Plisson

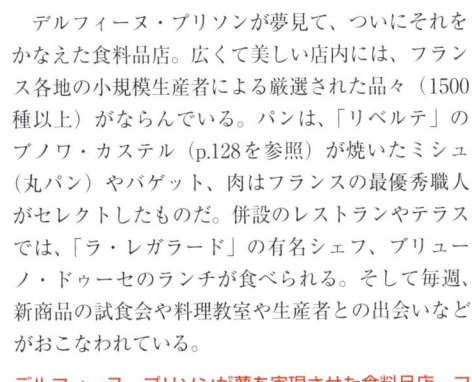

　デルフィーヌ・プリソンが夢見て、ついにそれをかなえた食料品店。広くて美しい店内には、フランス各地の小規模生産者による厳選された品々（1500種以上）がならんでいる。パンは、「リベルテ」のブノワ・カステル（p.128を参照）が焼いたミシュ（丸パン）やバゲット、肉はフランスの最優秀職人がセレクトしたものだ。併設のレストランやテラスでは、「ラ・レガラード」の有名シェフ、ブリューノ・ドゥーセのランチが食べられる。そして毎週、新商品の試食会や料理教室や生産者との出会いなどがおこなわれている。

デルフィーヌ・プリソンが夢を実現させた食料品店。フランス各地の1500種以上の生産物が売られている。テラス席でブリューノ・ドゥーセのランチを味わったり、試食会や料理教室に参加したりすることもできる。

93, boulevard Beaumarchais, 3e/地下鉄 Saint-Sébastien-Froissart
01 71 18 19 09
lamaisonplisson.com
年中無休

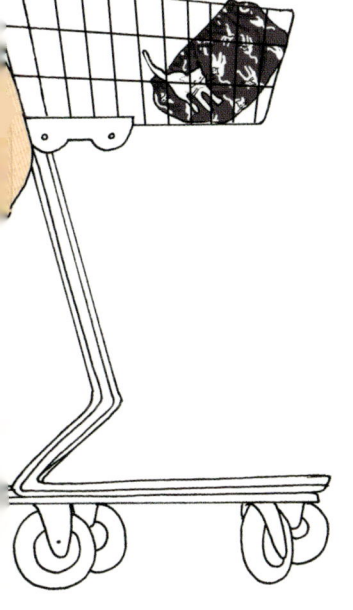

とっておきのパリ

お菓子が好きでたまらない人のおやつ

マレ地区はまちがいなくグルメたちの天国だ。マカロン好きは、ヴォージュ広場にある**カレット**のテラスで、紅茶のカップを片手に至福の時を過ごすことだろう。いなかに郷愁を覚えるという人は、リールに本店がある**メール**に有名なマダガスカル産バニラのゴーフルを買いにいくか、あるいは**マゼ**で絶品のプラズリンを味わうことだろう。パリでいちばんおいしいミルフィーユといったら、それはまちがいなくショコラティエの**ジャック・ジュナン**だ！

マレ地区には、マカロンなどのおいしいスイーツが楽しめる4つの有名店がある。

カレット　Carette
25, place des Vosges, 4^e/Chemin-Vert
01 48 87 94 07
carette-paris.com
年中無休

メール　Meert
16, rue Elzevir, 3^e/Saint-Paul
01 49 96 56 90
meert.fr
月曜定休

メゾン・ド・ラ・プラズリン・マゼ　Maison de la Prasline Mazet
37, rue des Archives, 4^e/地下鉄 Hôtel-de-Ville
01 44 05 18 08
mazetconfiseur.com
年中無休

ジャック・ジュナン　Jacques Genin
133, rue de Turenne, 3e/地下鉄 Filles-du-Calvaire
01 45 77 29 01
jacquesgenin.fr
月曜定休

マレ地区

発見する
カルチャー

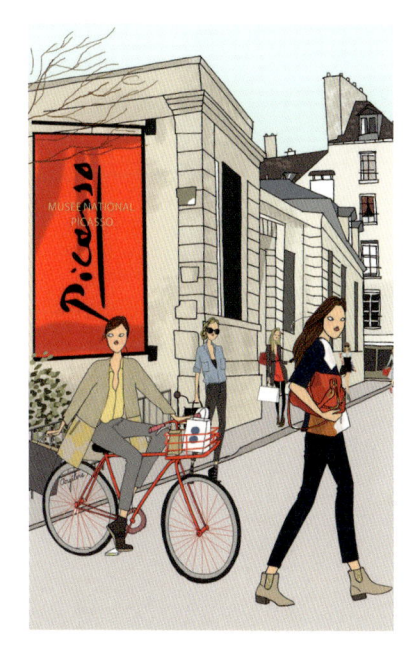

キュビスム散歩
ピカソ美術館
Musée Picasso Paris

　リニューアルされたサレ館のピカソ美術館では、階ごとにピカソの変遷（スペインの巨匠たちへの崇拝からキュビスムの試みまで）をたどれるようになっている。さまざまな絵画や、いろいろな物を寄せあつめて作られた彫刻、コラージュなど、ピカソにとってはどんな素材や手法も無縁ではなかったことがわかる。地階は、彼のアトリエ（モンマルトルの「洗濯船」など）のようすを伝えるものとなっている。いっぽう屋根裏には、ピカソの個人的なコレクション（クールベ、ルノワール、アンリ・ルソーや、画家仲間たちの作品）が展示され、彼のインスピレーションの源泉をさぐることができる。

まるごとピカソに捧げられたサレ館には、巨匠の絵画や彫刻やコラージュが展示されている。地階ではピカソのアトリエのようすが伝えられ、屋根裏には彼の個人的なコレクションが展示されている。

サレ館　Hôtel Salé
5, rue de Thorigny, 3ᵉ/地下鉄 Chemin-Vert
01 85 56 00 36
museepicassoparis.fr
月曜定休
入館料　12.5ユーロ　**割引料金**　11ユーロ

とっておきのパリ

マレの中心にあるバラ園
サン＝ジル＝グラン＝ヴヌール庭園
Jardin Saint-Gilles-Grand-Veneur

　観光客が押し寄せ、フランチャイズの店が進出するマレ地区にも、歴史をしのばせるものが残っている。だから裏通りを歩いているうちに道に迷って、たまたま、サン＝ジル＝グラン＝ヴヌール公園のようなロマンティックな場所を見つけることもあるかもしれない。ここではサン＝ジル＝グラン＝ヴヌール館を前に、バラのアーチや花壇に見とれながら、街の喧騒を離れた静かな時間を過ごすことができる。そこでは、「カトリーヌ＝ドヌーヴ」も咲いている（実際そういう品種のバラがある）。週末のピクニックにもうってつけだ。

車の往来や観光客の喧騒から離れたところにある驚くほどロマンティックな庭園。バラの花が咲き誇るマレ地区の歴史を秘めたこの場所は、ピクニックや散策にうってつけだ。

12, rue Villehardouinから横道へ,
rue de Hesseのつきあたり, 3e/
地下鉄 Saint-Sébastien-Froissart

46

マレ地区

スカンディナヴィア風のライフスタイル
アンスティテュ・スエドワ　Institut Suédois

　貴族の邸宅だったマルル館にあるアンスティテュ・スエドワ（スウェーデン会館）は、北欧文化を愛する人たちだけのものではない。ここではデザイン展や講演会、中庭でのコンサートが開催され、そのあと「カフェ・スエドワ」で自家製のケーキを味わうこともできる。隠れ家的な場所でキャロットケーキやこけもものタルトを食べられるのが、なんともうれしい。夏には中庭に椅子やテーブルがならんで、まさに安らぎの場となる。

マレ地区にあるスウェーデン会館は、たんなる北欧文化センターにとどまらず、さまざまな活動を行なっている。テラスに座ってカフェのケーキを食べれば、まさに至福の時間が過ごせる。

11, rue Payenne, 3^e／地下鉄 Saint-Paul
01 44 78 80 11
institutsuedois.fr
月曜定休

ある街角のパリジェンヌ

オデオン交差点
フール通り
ビュシ通り
ボナパルト通り
スフロ通り
マザリーヌ通り
モンジュ通り
ムフタル通り

カルティエ・ラタン

オデオン

セーヌ左岸のこのエリアにはエスニックでおしゃれなショップが立ちならび、学生や観光客だけでなく、ケバブ好きも集まる。かつてのようなインテリの街ではなくなったけれど、レトロな雰囲気は、変わることのない魅力となっている。仲間同士で映画やディナーを楽しんだり、ショッピングをしたりするのにぴったりの街だ。

Do it in Parisのアプリやdoitinparis.comのサイトには、さらに多くのとっておきスポットが常時掲載されている。

とっておきのパリ

ショッピングをする
モード・美容

ハレルヤ！
キリエ・エレイソン　Kyrie Eleison

　このセレクトショップは、いわば左岸のミニ「コレット」だ。ここにはちょっと変わったクリエイターたち（Le MontSaint-Michel、Ambali、Virginie Castaway、J.Brand、Gaspard Yurkievich）が集まっている。彼らはモード界における、「オフビート」の貴族たちといったところ。雑誌のコーナーには、ステファヌ・ミリオンが主催する「Bordel」という有名な文学雑誌も置かれている。この雑誌には、作家のフレデリック・ベグベデ、デザイナーのジャン＝シャルル・ド・カステルバジャック、作家のミシェル・ウエルベックといった一流人氏たちも参加している。そこが左岸らしいところだ。

トレンディなデザイナーたちのオフビートなセレクションにこだわる左岸のミニ「コレット」。店内には書籍や雑誌もならんでいて、年間を通じて文学的なイベントも開催している。

15, carrefour de l'Odéon, 6ᵉ／地下鉄 Odéon
01 46 34 26 91
kyrieeleison.fr　月曜定休

カルティエ・ラタン＊オデオン

Mes intemporels 私の永遠の定番

お宝探し
アドレナリーヌ・ヴァンタージュ　Adrenaline Vintage

　めずらしいものはないかと目を皿のようにして探しているヴィンテージ愛好家も、このデポ・ヴァント（委託販売店）なら満足するはず。オートクチュールのジャケット、ドレス、コートだけでなく、新品同様のバーキンのバッグ、ヴィトンのトランク、シャネルの宝飾品、ボーム＆メルシエの腕時計、さらには流行のアクセサリーや服もある。1950年代にエルメスが出していた旅行用目覚まし時計のような希少品も見つかる、夢のような場所だ。

ヴィンテージ好きも、このヴィンテージショップに行ったら夢中になってしまうことうけあいだ。オートクチュールの服やエルメスのバッグ、ヴィトンのトランク、シャネルのジュエリーなど、希少品がたくさんある。

30, rue Racine, 6ᵉ／地下鉄 Odéon
01 44 27 09 05
adrenaline-vintage.com　日曜定休

とっておきのパリ

美容薬局
ビュリー1803　Buly 1803

　「ビュリー」は、19世紀はじめに、美顔ローションでヨーロッパ中の人気をさらった化粧水と香水のブランドだ。長いあいだ眠りについていたが、ラムダン・トゥアミ（「シール・トリュドン」復活の立役者）と、デザイナーのヴィクトワール・ド・タイヤックという、行動的なカップルによって、エレガントによみがえった。薬局を思わせる、美の宝石箱のような店内には、世界中のオイルや秘伝の軟膏（「オピア・ダンテール（練り歯磨き）」「ポマード・ポゴノトミエンヌ（ひげそりポマード）」「オー・ド・ラ・ベル・アレン（マウスウォッシュ）」「ポマード・コンクレート（固形ポマード）」「レ・ヴィルジナル（純白のミルク）」のほか、シンプルなアンズ水など）がそろい、どこにでもあるありふれた美容術にうんざりした女性たちに、新たな発見をもたらしている。大きなカウンターや陳列棚には、大小の瓶がずらりとならんでいて、そのなかにはめずらしい香水もある。

1900年代からヨーロッパ中に知られていた眠れる美女が、ラムダン・トゥアミ（「シール・トリュドン」）とデザイナーのヴィクトワール・ド・タイヤックのおかげで目をさました。エレガントな薬局を思わせる店内の大きなカウンターには、世界中の化粧品がならんでいる。

6, rue Bonaparte, 6ᵉ/地下鉄 Saint-Germain-des-Prés
01 43 29 02 50
buly1803.com
日曜定休

カルティエ・ラタン＊オデオン

ショッピングをする
インテリア

田舎にいる気分
ザンク・ド・フルール
Zinc de Fleurs

　ナチュラル志向の素朴な花屋さん。香りのいい牡丹のブーケや、バルコニーに置く観葉植物は買えるけれど、華美なアレンジメントは扱っていない。金属製の植木鉢、青々とした草木、小さな木のテーブル。まるで田舎の庭の作業小屋にいる気分だ。

季節ごとの草花がならぶ、田舎の庭の作業小屋のような居心地のいい花屋さん。

103, rue Mouffetard, 5e／地下鉄 Censier-Daubenton
01 47 07 43 96
zinc-de-fleurs.com
月曜定休

ベルギー・タッチ
ル・ティポグラフ　Le Typographe

いまもっとも注目を集めている、ハンドメイドの文房具店。最先端なのに、ひかえめをよそおってブリュッセルからやってきた。古い活版印刷機を使って、便箋や名刺、メモ帳や各種のブロックメモをベルギーで印刷している。ハンドメイドなので、製品には味わいのある微妙な「ゆがみ」が生じる。昆虫をモチーフにしたブロックメモ、絹を裏張りした手づくりの封筒、グラフィカルな週間スケジュール帳、「I'm thinking of you」「Boum-Boum」などの文字が印刷されたグリーティングカードもある。

ブリュッセルからやってきた、今もっともトレンディな文房具ブランド。古い活版印刷機を使って、微妙でおもしろい「ゆがみ」のある、名刺やメモ帳、グリーティングカード、手帳などを印刷している。

33, rue Mazarine, 6ᵉ／地下鉄 Odéon
09 83 01 74 02
typographe.be/boutique
日曜定休

すべてフランス製
ガブ＆ジョー　Gab & Jo

　フランス万歳！　ムッシュー・マルセルのTシャツ、エマ・カージルのアクセサリー、コミューヌ・ド・パリの腕時計。この魅力的なコンセプトショップにあるのは、すべてフランスの最先端ブランドばかり。生粋の左岸育ちのダンディな店主、アレクシス・ルロワは、いつでもユニークなアイテムをさがしもとめて、レトロモダンなフランスの若いブランドをめぐっている。

この店にならぶブランドは、トレンディでしかも100％フランス製。生粋の左岸育ちでダンディなアレクシス・ルロワが、この魅力的なコンセプトショップの店主。いつもユニークなアイテムをさがしもとめている。

28, rue Jacob, 6ᵉ／地下鉄 Saint-Germain-des-Prés
09 84 53 58 43
gabjo.fr
日曜定休

カルティエ・ラタン＊オデオン

ひと休みする
グルメ

ベジタリアンの悪夢
メゾン Maison

オデオン座の近くにある、フランスらしいハンバーガー店。ポワラーヌ製のバンズに、人気の肉屋ユーゴ・デノワイエのステーキ肉を店で挽いて調味したものをはさみ、自家製のハーブソースで仕上げている。"BBQ"、"クラシック"（ベーコン、チェダー、オニオン、サラダ）、"ヴェジー"（肉好きにも人気の、パン粉をまぶして揚げた豆腐ステーキのバーガー）、どれを頼んでもお代わりしたくなるおいしさ！　このおしゃれな「ジャンクフード」のサイドメニューには、揚げたてのフライドポテトか生野菜のどちらかを選べる。デザートのチーズケーキもお忘れなく。夜になれば腕ききのバーテンダーが現れて、「メゾン」はカクテルバーに変身する。それでもバーガーショップらしく、ミニバーガーがメニューにならぶ。

オデオン座近くの、フランスらしいバーガーショップ。人気の肉屋ユーゴ・デノワイエの最高肉のバーガーだけでなく、ベジタリアン向けのバーガーもある。フライドポテトやデザートをそえて。夜は腕ききのバーテンダーが作る魅力的なカクテルも楽しめる。

6, rue Grégoire-de-Tours, 6e/地下鉄 Odéon
maisonburger.com
年中無休

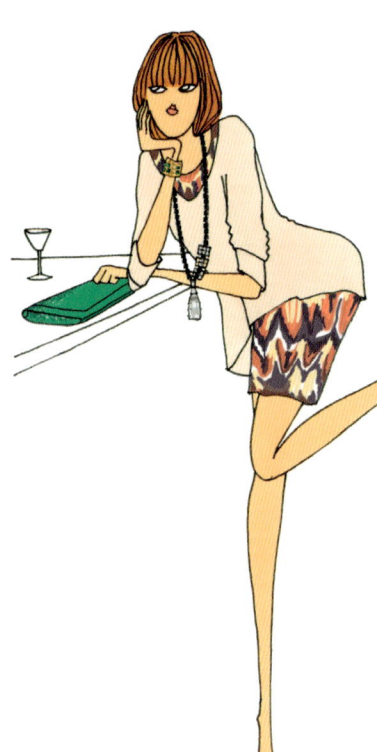

2階のイタリア人
レタージュ・ド・パスタヴィーノ
L'Étage de Pastavino

ボッテガ・ディ・パスタヴィーノは、パリでも指おりのパニーニの店として、20年以上前から知られている。でも、惣菜店の奥の小さな階段をのぼったところに、レストランがあることは、あまり知られていない。オーナーの孫たちが切り盛りするこじんまりとした店で、おいしいヴェネツィア料理が味わえる。イカスミのリゾット、タコのパスタ、ヴィテッロ・トンナート（子牛肉にツナのソースをかけた料理）、自家製のシャルキュトリ、季節のトリュフなど。ふんわりしてコクのあるティラミスは、一年中食べられる。隠れ家のようなこのレストランは、かならず予約して。

おいしいパニーニで有名なボッテガ・ディ・パスタヴィーノの2階にある、こじんまりとしたレストラン。オーナーの孫たちが作るすばらしいヴェネツィア料理が味わえる。要予約。

ボッテガ・ディ・パスタヴィーノの店内奥から2階へ
18, rue de Buci, 6ᵉ／地下鉄 Saint-Germain-des-Prés
01 44 07 09 56
日曜夜定休

パリでいちばんセクシーなギリシア
エヴィ・エヴァンヌ　Evi Evane

グラフィカルでやさしいインテリアのこの惣菜店には、ニコラウ姉妹が入念に選んだ180種の惣菜がある。たとえばカラマタ産の黒オリーブ、カラタキ産の白チーズなどだ。テイクアウトだけでなく、店内にならべられたスカンディナヴィア風の明るい色の木製テーブルで、香りの良いミートボールや、各種のタラマ、フレッシュなザジキ（ヨーグルトに野菜などをくわえたもの）を食べることもできる。低脂肪で風味があっておいしいギリシア風ピタパンサンドウィッチもお忘れなく。

グラフィカルでやさしいインテリアのギリシア惣菜店。ニコラウ姉妹が入念に選んだ180種の惣菜をテイクアウトできる。各種タラマ、フレッシュなザジキ、おいしいピタパンサンドウィッチを、店内で食べることもできる。

10, rue Guisarde, 6ᵉ／
地下鉄 Mabillon
01 43 54 97 86
evievane.com
日曜定休

映画の前後に軽く食事をとる

オデオン地区は映画を見るのに最適のエリアだ。アクシオン・クリスティーヌ、アカトーン、ステュディオ・ガランドなど、たくさんのアートシアターがある（もちろん大ヒット作もオデオン界隈で見ることができる）。上映の前後におなかを満たすなら、いつもにぎわっているグルメな居酒屋に行ってみよう。**ラヴァン・コントワール**は、イバイオナ豚のハムのクロケットなど、店主のイヴ・カンドボルドおすすめのタパスが楽しめる。たっぷりのシャルキュトリやクリーミーなブッラータチーズが食べたいという人は、**ウノステリア**ならがっかりすることはない。**ダ・ローザ**では、おいしいフォアグラや、イベリコ豚のハムが味わえる。

映画館が多いことで知られるこのエリアの、にぎやかでグルメな居酒屋にぜひ行ってみよう。

ラヴァン・コントワール
L'Avant-Comptoir
3, carrefour de l'Odéon, 6e/
地下鉄 Odéon
01 44 27 07 97
年中無休

ウノステリア　Œnosteria
40, rue Grégoire-de-Tours, 6e/
地下鉄 Odéon
01 77 15 94 13
年中無休

ダ・ローザ　Da Rosa
62, rue de Seine, 6e/
地下鉄 Mabillon
01 40 51 00 09
darosa.fr
年中無休

とっておきのパリ

ショッピングをする
グルメ

BBのお気に入りスイーツ
ラ・タルト・トロペジエンヌ La Tarte Tropézienne

　ブリジット・バルドーが絶賛した、そして名づけ親であるともいわれている、ミカ兄弟のタルト・トロペジエンヌ。ヴァカンスの夏を待たなくても、パリで食べられるようになった。マカロンサイズの小さなタルト・トロペジエンヌ「Baby Trop」から、8人前のいちばん大きいサイズまで取りそろえて、パリジェンヌたちの心をまどわせる。ほかのケーキもサントロペ風にアレンジしたものだ。たとえばサントノーレは、クレーム・トロペジエンヌを詰めて、自家製のカラメルをかける。あまり知られていないけれど、2階に小さなサロン・ド・テがある。ヴァカンスと、陽光の降りそそぐ砂浜を思いながらタルトを味わおう。

わざわざサントロペまで行かなくても、ミカ兄弟が作ったBBお気に入りのデザートが食べられるキュートなケーキ店。小さなティーサロンもある。

3, rue de Montfaucon, 6e/地下鉄 Mabillon
01 43 29 09 81
latartetropezienne.fr
年中無休
姉妹店　99, rue de Rivoli, 1er/
地下鉄　Palais-Royal-Musée-du-Louvre

カルティエ・ラタン＊オデオン

幼いころのように
ル・ボンボン・オ・パレ　Le Bonbon au Palais

　スミレの香りのギモーヴ（マシュマロ）がどうしても食べたいと思ったらこのお菓子屋さんに行こう。大きなガラス瓶に入った、いかにもフランスらしい手作りのコンフィズリ（砂糖菓子）がずらっとならんでいる。ニオールのアンジェリカ、ヴィシーのフレゼット（イチゴキャンディー）、フリュイ・コンフィ（砂糖漬けの果物）、カリソン（プロヴァンスのアーモンド菓子）、チョコレートなど。オーナーのジョルジュはフランス各地を旅して、最高に美しい手作りの砂糖菓子を探し出した。砂糖菓子のレトロな味わいに合わせて、店内は地図や黒板を配した1950年代の教室のようなインテリアになっている。たまには子ども時代にもどってみるのもいいかもしれない…

甘いもの好きなら、このレトロなキャンディーストアに行こう。世界中を旅してきたジョルジュが、フランス各地から愛情をこめて選んだたくさんの砂糖菓子がならんでいる。50年代のインテリアが子どものころを思い出させてくれる。

19, rue Monge, 5^e/地下鉄 Cardinal-Lemoine
01 78 56 15 72　bonbonsaupalais.fr　日・月曜定休

ブッラータが大好きな人に
コオペラティーヴァ・ラッテ・チステルニーノ
Cooperativa Latte Cisternino

　モッツァレッラ好きなら、イタリアのこの酪農協同組合店舗を知らない人はいない。カンパーニャ州の生産者から直送されてくる、スプーンですくって食べるほどクリーミーなブッラータや、モッツァレッラ・ディ・ブーファラ（水牛乳のモッツァレッラ）を買いだめしにやってくる。ほかにも、伝統的な雰囲気で店先にならぶ特産チーズ（極上のリコッタ）、生パスタ、シャルキュトリ（大きくて柔らかいモルタデッラ、胡椒入りソーセージ）、オリーブファルシなどがサービス価格で買える。いちばんの秘訣は木曜日に行くこと。新鮮な食材が届く日だ。

極上のモッツァレッラ・ディ・ブーファラや、生パスタ、シャルキュトリ、スタッフドオリーブなどが売られている高級食材店。カンパーニャ州の生産者から毎週木曜日に直送されてくる。イタリア万歳！

17, rue Geoffroy-Saint-Hilaire, 5e/地下鉄 Censier-Daubenton　01 83 56 90 67　日曜定休
姉妹店
37, rue Godot-de-Mauroy, 9e/地下鉄 Havre-Caumartin　06 74 91 66 58
46, rue du Faubourg-Poissonnière, 10e/地下鉄 Poissonnière　01 47 70 30 36
108, rue Saint-Maur, 11e/地下鉄　Parmentier　01 43 38 54 54

とっておきのパリ

発見する
カルチャー

デザイナーズ映画館
ル・ヌーヴェル・オデオン
Le Nouvel Odéon

　インダストリアルデザイナーのマタリ・クラッセによって全面改装された「ル・ヌーヴェル・オデオン」は、まちがいなくコンテンポラリーな場所だ。上映の前後に利用できる軽食カウンターや、中2階のラウンジもある。3カ月に一度の特別な夕べ、プレミアショー、アーティストとのミーティングのほか、毎週日曜日の朝には、子ども向けの映画を上映する「キッド・オデオン」が開催されている。オンライン予約のシステムを使えば、ギリギリで入場しても座ることができる。

マタリ・クラッセによって改装されたニューウェーブの映画館。オンラインで座席予約ができるだけでなく、ラウンジで食事をしたり、くつろいだりできる。「キッド・オデオン」では子ども向けの映画が上映される。

6, rue de l'École-de-Médecine, 6ᵉ/
地下鉄 Odéon
01 46 33 43 71
nouvelodeon.com
年中無休

カルティエ・ラタン＊オデオン

最新の会話スポット
オデオン＝テアトル・ド・ルロップ　Odéon-Théâtre de l'Europe

　18世紀建築の典型であるこのりっぱな劇場は、2世紀以上ものあいだ演劇の中心地となっている。1782年に落成した当初は、王立劇団コメディー・フランセーズの劇場だった。1959年にはコメディー・フランセーズの手を離れてジャン＝ルイ・バローにゆだねられ、1968年のパリ5月革命では体制批判を訴える学生たちの拠点となった。1983年以降は、「ヨーロッパ劇場」として、フランスだけでなくドイツやエストニア（字幕に感謝！）などの現代作品を上演している。もちろん古典作品も上演される。ロビーや、天気の良い日にはカフェテラスにも毎晩集まってくるのは、いかにも左岸らしいトレンディなインテリたち。この劇場では、観客席もスペクタクルだ！

1782年に開場したオデオン座は、1983年から「ヨーロッパ劇場」となり、古典作品や国際的な演劇が上演されている。カフェテラスは見るための場所であり、見られるための場所でもある。

Place de l'Odéon, 6e /地下鉄 Odéon
01 44 85 40 40
theatre-odeon.eu

静かなパリ
アイルランド
文化センター
Centre culturel irlandais

　1775年からアイルランド学校が所有する建物にある文化センター。聖パトリックに捧げられたチャペルを修復して、2002年に再オープンした。毎週日曜の朝にはアイルランド式のミサが行なわれる。マロニエのある中庭は、ミサにかかわりなく利用できる。まったくと言っていいほど知られていないこの中庭は、静かに読書をするのにうってつけの場所だ。もちろん、アイルランドの作家たちについて知るのもいい。

Erin go bragh（アイルランドよ永遠なれ）。2002年にリニューアルされたアイルランド文化センターは、中庭での静かな読書や調べものに理想的な場所だ。日曜の朝には聖パトリックのチャペルでミサが行なわれる。

5, rue des Irlandais, 5^e /地下鉄 Cardinal-Lemoine
01 58 52 10 30
centreculturelirlandais.com
月曜休館

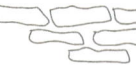

ある街角のパリジェンヌ

サン・プラシッド通り
セーヴル通り
ボナパルト通り
グルネル通り
バック通り
セーヌ通り
シェルシュ・ミディ通り
ノートルダム・デ・シャン通り

サン・ジェルマン・デ・プレ

セーヴル・バビロン

エレガンスとスタイルといえば、いかにもパリ左岸らしい雰囲気の漂うこのエリアを抜きに語ることはできない。パリジェンヌたちはおろしたてのハイヒールを履いて、スタイリッシュな照明や、小さくてかわいい帽子ビビを買い、ロゴ入りのショッピングバッグにつめていく。ブルジョワ層の存在が、このエリアの隠れた魅力となっている。

Do it in Parisのアプリやdoitinparis.comのサイトには、さらに多くのとっておきスポットが常時掲載されている。

とっておきのパリ

ショッピングをする
モード・美容

極上のクリーム
オー・マイ・クリーム！ Oh My Cream!

どこでも売っているありふれた化粧品ではあきたらないという人におすすめなのが、この美容のコンセプトストア。うわさのエジプシャン・マジッククリームのような、知る人ぞ知るコスメがそろっている。このクリームは、リップクリームやネイルケアクリームとしても使えるので、ファッションショーのメーキャップ係にひっぱりだこだ。そのほか、肌のスペシャリスト、ジョエル・シオコや、超一流のヘア・カラリスト、クリストフ・ロバンの製品もある。ここぞというときには、サロンで極上のエステを受けよう。フレッシュで輝くようなしあがりになることまちがいなしだ。

この美容のコンセプトストアには、知る人ぞ知るブランドがそろっている。スキンケアのカリスマ、ジョエル・シロコや、ヘアカラーのマジシャン、クリストフ・ロバンの化粧品もある。プライベートサロンのエステもぜひ受けてみよう。

3, rue de Tournon, 6e/地下鉄 Odeon
01 43 54 80 83
ohmycream.com
日・月曜定休
姉妹店
4, rue des Abbesses, 18e/地下鉄 Abbesses
09 86 24 36 51

サン・ジェルマン・デ・プレ＊セーヴル・バビロン

目がくらむほど
ブランド・バザール　Brand Bazar

　たくさんの服を思いっきり買い物できるセレクトショップ。お気に入りのブランド（シーバイクロエ、ノリータ、マヌーシュ、イロ、カルヴァン、ソニアリキエル、ル・モンサンミッシェル、APC、フレンチコネクションなど）も、これから流行りそうなブランドもそろっている。さらに、世界中からセレクトした靴（レペットなど）、バッグ、ジュエリーなどがある。2階はジーンズ、3階はドレスの売り場。あれこれ試着していると、どれもこれも欲しいものばかりでめまいがしそうだ。

買い物客たちが思わず夢中になってしまうセレクトショップ。さまざまなブランドのアイテム、世界各地のアイテムがそろっている。

33, rue de Sèvres, 6ᵉ/地下鉄 Sèvres-Babylone
01 45 44 40 02
brandbazar.fr
日曜定休

スタイリッシュなヘアスタイル
レ・スリーズ・ド・マルス　Les Cerises de Mars

　いまもっともトレンディなヘアバンドのブランドが、シャワールームと低価格のヘアカウンターとアトリエをひとつにした、現代的なサロンをオープンした。美しいメッシュのヘアアクセサリーを、その場で手づくりしてくれる。このヘアアクセサリーのすごいところは、細ひもを使って、ネックレスやブレスレットにもなること。プレッピーな蝶ネクタイのヘアバンドだって、最高にオシャレなアイテムになる。

トレンディなヘアバンドのブランドが、シャワールームとヘアカウンターとアトリエをひとつにしたヘアサロンを開いた。ハンドメイドのヘアバンドが、細ひもによって、ネックレスやブレスレットに変身する。

35, rue de Grenelle, 7ᵉ/地下鉄 Rue-du-Bac
09 84 57 51 06
lescerisesdemars.com
土曜日の午前中と日曜は休み

とっておきのパリ

バック通りを楽しむ

パリジェンヌたちがとりつかれているふたつの欲望、つまりケーキと服への欲望が、たったひとつの通りを歩くだけで満たされてしまう！ **セストラ**のアクセサリーやバッグ、キャサリン妃の妹ピッパ・ミドルトンも愛用する**シャテル**のフラットシューズ、**アンジェリーナ**のうっとりするほどコクが深いホットチョコレート、**ラ・パティスリー・デ・レーヴ**のマカロン、そしてちょっと足をのばせば、**ジャック・ジュナン**の高級チョコレートがある。以下のアドレスはいずれも、地下鉄Rue-du-Bac駅が最寄りだ。

セストラ Sestra
99, rue du Bac, 7^e
01 42 84 35 78
sestra-paris.com
日曜定休

シャテル Chatelles
94, rue du Bac, 7^e
01 42 22 20 46
mychatelles.com
日曜定休

アンジェリーナ Angelina
108, rue du Bac, 7^e
01 42 22 63 08
angelina-paris.fr
年中無休

ラ・パティスリー・デ・レーヴ La Pâtisserie des Rêves
93, rue du Bac, 7^e
01 42 84 00 82
lapatisseriedesreves.com
月曜定休

ジャック・ジュナン Jacques Genin
27, rue de Varenne, 7^e
01 53 71 72 21
jacquesgenin.fr
日・月曜定休

サン・ジェルマン・デ・プレ＊セーヴル・バビロン

ショッピングをする
インテリア

とってもシック
イネス・ド・ラ・フレサンジュ　Inès de la Fressange

　パリジェンヌたちのファッションのお手本のような存在であるイネスが、念願のブティックをオープンさせた。左岸にふさわしいギフトの宝の山だ。かつて鋳造所だった場所は、にぎやかに商品がならぶバザールに変身した。ここにあるのはどれもイネスが気に入ったものばかり。すてきなシューズやランジェリー、文房具、キャンドル、旅先で見つけた化粧品。ヴィンテージの生地を使って、ブティックのアトリエで縫われた服もある。ここにはハートとエスプリがあふれている。

パリジェンヌたちのファッション・アイコンが、念願だったシックなバザールのようなブティックをオープンさせた。左岸にとってうれしい宝の山だ。シューズ、ランジェリー、文房具、キャンドル、化粧品などのほか、ヴィンテージの生地で作った服もある。

24, rue de Grenelle, 7ᵉ/地下鉄 Sèvres-Babylone
01 45 48 19 06
inesdelafressange.fr　日曜定休

好奇心の陳列室
デロール　Deyrolle

　夢幻的でレトロな「デロール」は、ヨーロッパでも唯一の標本店。情熱的な昆虫学者ジャン＝バティスト・デロールが1831年に創業した当初は、専門家向けの製品を売っていた。1866年には、エミール・デロールが教育関係にも手を広げ、解剖模型や掛図を売り出してだれにでも知られるようになった。世界各地の蝶や昆虫、鉱物、化石、剥製の動物たちも、こんな魅力的な場所にいられて幸せだろう。

ヒョウやクマ、昆虫などの等身大標本作りの名手とみなされ、本も出版している魅惑的なショップ。1831年創業の、ユニークな好奇心のキャビネット。

46, rue du Bac, 7ᵉ/地下鉄 Rue-du-Bac
01 42 22 30 07
deyrolle.com　日曜定休

とっておきのパリ

リーズナブルでシックなインテリア
アーエム・ペーエム　AM.PM.

　いつもインテリア雑誌やピンタレスト（写真共有サイト）ばかり眺めている人たちに朗報！　カフェ・ド・フロールのすぐ近くに、通販雑誌「ラ・ルドゥート」のトレンディなインテリアショップがオープンした。グラフィカルなソファー、インダストリアルなチェアー、ミニマリストなローテーブル、折り紙風ペンダントライトなど。美しい素材、シンプルなライン、著名デザイナーによってデザインされた純フランス製のインテリアはきっと気に入るはずだ。カタログでしか見ることができなかった家具にじっさいに触れてみて、その場で買うこともできるなんて、すばらしいアイデアだ。

通販雑誌「ラ・ルドゥート」のインテリアショップ。グラフィカルなソファーやインダストリアルなチェアー、ミニマリストなローテーブル、折り紙風ペンダントライトなど、それまでカタログでしか見られなかった家具をその場で買うことができる。

5, rue Saint-Benoit, 6ᵉ/地下鉄 Saint-Germain-des-Prés
08 92 350 350
Ampm.fr
日曜定休
その他の店舗
ギャルリー・ラファイエット・メゾン館店　Galeries Lafayette Maison
35, boulevard Haussmann, 9ᵉ/地下鉄 Havre-Caumartin
日曜定休
ベー・アッシュ・ヴェー・マレ店　Corner BHV Marais
52, rue de Rivoli, 4ᵉ/地下鉄 Hotel-de-Ville
日曜定休

サン・ジェルマン・デ・プレ＊セーヴル・バビロン

ひと休みする
グルメ

静かにグラスをかたむける
ラ・ベル・ジュリエット　La Belle Juliette

　このホテルのインテリアは、小説家シャトーブリアンに愛されたジュリエット・レカミエにちなんだもの。彼女はもてなしと会話のセンスの良さで知られていた。午後のアフタヌーンティーがおすすめ。温かい飲み物とふんわりしたケーキ、フルーツのタルトレットなどが、メルヴェイユーズの伝統にのっとってテーブルに出される。メルヴェイユーズというのは、18世紀末の総裁政府時代に活躍した才気ある女性たちのこと。レカミエ夫人はその代表格だった。このホテルにはシックでロマンティックなパティオもあり、そこでロゼワインや、ヴェネツィア生まれのカクテル「ベッリーニ」を味わったり、シェフのフローラ・ミクラが作る洗練されたフォカッチャ、シーザーサラダ、さまざまなアンティパスト（前菜）に舌鼓を打つことができる。

総裁政府時代のミューズで、カリスマ性をもった女性、ジュリエット・レカミエにちなんだシックなホテル。アフタヌーンティーがおすすめ。ロマンティックなパティオは、お酒を飲むのに最高の場所。シェフのフローラ・ミクラが作るおいしいアンティパストも味わえる。

92, rue du Cherche-Midi, 6ᵉ/地下鉄 Saint-Placide
01 42 22 97 40
labellejuliette.com
年中無休

とっておきのパリ

ビストロのカリスマ
オ・プレ　Aux Prés

テレビでおなじみのダンディなシェフ、シリル・リニャックのビストロ。大理石のバーカウンター、花模様のタピストリー、タイル張りの床、革製の長椅子。テーブルに運ばれてくるのは、国際色豊かなグルメ料理だ。アボカドと蟹のタルティーヌ、鯛とパッションフルーツのセビーチェ（マリネ）、ブラックアンガス牛のバーガー、鶏肉のタコスなどを、ちょっぴりボルテージの高い雰囲気の中で味わおう。日曜のブランチは絶品。

ダンディなシェフ、シリル・リニャックがとりしきる、グルメでスタイリッシュなビストロ。大理石のバーカウンター、花柄のタピストリー、革製の長椅子が目を引く。日曜のブランチをぜひご賞味あれ。

27, rue du Dragon, 6ᵉ/地下鉄 Saint-Sulpice
01 45 48 29 68
restaurantauxpres.com
年中無休

パリ風カフェ・ショップ
コントワール・リシャール
Comptoirs Richard

　ブルックリンスタイルのコーヒーショップと、パリのビストロの雰囲気をうまくミックスさせたカフェ兼ショップ。居心地のいい店内には、各原産地のコーヒーや高級紅茶だけでなく、手づくりのシロップをベースにしたフラペチーノなど、熟練のバリスタが作るスペシャルな飲み物もある。買い物だけですませるもよし。ソファーにすわってケーキつきのコーヒータイムを楽しむもよし。1892年創業の老舗コーヒー専門店がふたたび人気をとりもどしたのは、コーヒー豆の品質もさることながら、その組み合わせが新鮮で味わい深かったからだろう。

ブルックリンスタイルのコーヒーショップと、パリのビストロの雰囲気がみごとに融合したコントワール・リシャールは、オリジナルコーヒーや高級紅茶をあつかう1892年創業の老舗。買い物もできるし、ソファーにすわってグルメな一服を楽しむこともできる。

48, rue du Cherche Midi, 6ᵉ/地下鉄 Sevres-Babylone
01 42 22 45 93
comptoirsrichard.fr　日・月曜定休　パリには他に7店舗ある

サン・ジェルマン・デ・プレ＊セーヴル・バビロン

ショッピングをする
グルメ

最高のフランス産オーガニック食材
レピスリー・ジェネラル　L'Épicerie Générale

　おいしくて美しいフランス産オーガニック食材がならぶ、モダンなインテリアの食材店。シェフにも負けない料理が作れるような最高級の食材（チーズ、野菜、豚肉加工品、ワインなど）がそろっている。モード業界出身のオーナー、モード・ジルニックはじつに1年近くにわたってフランス中を駆けめぐり、有機栽培農家を探しまわった。いちばんのおすすめはチョコレートに、砕いたヘーゼルナッツが入った「Oorain」のスプレッド。よくある「ヌテラ」よりおいしい。テイクアウトの自家製ジャンボン・ブール（ハムとバターをバゲットにはさんだサンドウィッチ）も、グルメにとってなくてはならないものだ。

モダンな内装のデラックスな食材店。おしゃれなパッケージに入ったさまざまな高級食材がならんでいる。グルメにとっては天国だ！

43, rue de Verneuil, 7ᵉ/
地下鉄 Rue-du-Bac
01 42 60 51 78
epiceriegenerale.fr
日曜定休

甘くてサクサク
ラ・メゾン・デュ・シュー　La Maison du Chou

　敷石と街灯と樹木が美しいフュルステンベルク広場が、レトロなこの店を引き立たせている。店内の小さなテーブルで、パリでいちばんおいしい「できたて」のシュークリームを味わえる。ショコラ味、バニラ味、プラリネ味、フロマージュ・ブラン（フレッシュチーズ）をベースにしたプレーン味などがあり、クリーム（やわらかいペースト）には、合成香料や外国産香料は使われていない。だからこそ、やみつきになってしまうのだ。いつだって、余計なものはない方がいい。

美しいフュルステンベルク広場が、このレトロな店を引き立てている。小さなテーブルで、パリでいちばんおいしいシュークリームを味わえる。ショコラ味、バニラ味、プラリネ味、プレーン味など。どれもおいしい！

7, rue de Furstenberg, 6ᵉ／地下鉄 Saint-Germain-des-Pres
09 54 75 06 05
Facebook : MaisonDuChou
年中無休

5つ星のハム
ジル・ヴェロ　Gilles Vérot

　ジル・ヴェロはアーティストのような加工肉店。骨付きハム、ウーダン産鶏肉のパテ、フロマージュ・ド・テット（豚の頭肉をゼリーで固めたパテ）、ブーダン・ノワール（豚の血と脂身で作る腸詰）、根セロリのレムラードソースあえは傑作品だ。1号店が成功したので、パリ2号店もオープンした。フランス人シェフ、ダニエル・ブリュが「バー・ブリュ」ロンドン店とニューヨーク店をオープンするにあたって、ジル・ヴェロも一役買ったらしい。まさにシャルキュトリのスターだ。

シャルキュトリの第一人者と目される美食家ジル・ヴェロの店。ハムやパテの豊富な品ぞろえ、ヘルシーな料理もある。

3, rue Notre-Dame-des-Champs, 6ᵉ／
地下鉄 Saint-Placide
01 45 48 83 32
verot-charcuterie.fr　日・月曜定休
2号店のアドレス
7, rue Lecourbe, 15ᵉ／地下鉄 Sèvres-Lecourbe
01 47 34 01 03

サン・ジェルマン・デ・プレ＊セーヴル・バビロン

ハロッズのフランス版

ラ・グランド・エピスリーには何千種類もの食品がある。イギリスのクラッカー、イタリアのパスタ、スペインの生ハム、あらゆる風味のヨーグルト、めずらしい果物、ベルギーのキャンディー、いろいろな種類のパテ、さまざまなブランドのミネラルウォーター、カット肉、鮮魚、高品質のチーズなどなど。でもそれだけではない。地下では、フランスの名匠ジャン＝ジャック・マッセの指揮のもと、何十人もの人たちが毎日ケーキや惣菜を作っている。「ラ・グランド・ブーランジュリ」も、涙が出るほどおいしいパンやヴィエノワズリをそろえている。このエピスリーには、ぜひとも足を運ぶべき。買い物をするのも、あれこれ見てまわるのも楽しい。

美食家たちも驚くほど豊富な食材がそろっている。選りすぐりのフレッシュチーズや、パンやケーキだけでなく、惣菜まで売られている。

ラ・グランド・エピスリー・デュ・ボン・マルシェ
La Grand Épicerie du Bon Marché
38, rue de Sèvres, 7e/地下鉄 Sèvres-Babylone
01 44 39 81 00
lagrandeepicerie.fr
日曜定休

クレミエールたちの戦い

マリー・キャトルオムの店**キャトルオム**では、36ヵ月熟成のコンテ、シェーヴルとポートワインのムース、そしてコトー・デュ・レイヨン（ロワール地方の貴腐ワイン）をしみ込ませたフルム・ダンベールが人気を博している。いっぽう、ニコル・バルテレミーの店**バルテレミー**では、山羊乳製のフレッシュなヴァランセや、バスク地方の羊乳チーズがよく売れている。ふたりの有名（かつ高級）なクレミエール（乳製品販売商）のうち、どちらがお好みだろうか。キャトルオムを推す人もいれば、バルテレミーが一番という人もいる。好みは人それぞれ。でも、どちらもまちがいなくパリで最高のチーズを買える店だ。

パリで最高においしいチーズを売っているふたつのショップ。どちらもフランス各地の新鮮で上質のチーズをとりそろえている。

キャトルオム　Quatrehomme
62, rue de Sèvres, 7e/地下鉄 Vaneau
01 47 34 33 45
quatrehomme.fr
日・月曜定休
バルテレミー　Barthélémy
51, rue de Grenelle, 7e/地下鉄 Rue-du-Bac
01 42 22 82 24
日・月曜定休

とっておきのパリ

発見する
カルチャー

静かな隠れ家
ザッキン美術館
Musée Zadkine

　ロシア生まれの彫刻家オシップ・ザッキンは、この魅力あふれる場所で40年近く暮らし、妻で画家のヴァランティーヌ・プラックスと隣り合わせで仕事をしていた。エコール・ド・パリなど、モンパルナスの芸術グループと交流しつつ、プリミティブアートやキュビスムの影響を強く受けた独自の作風を発展させた。こじんまりした邸内のアトリエ、安らぎの庭にも、多くの彫刻が展示されている。

1920年代にモンパルナスの芸術グループと交流があったロシア人彫刻家、オシップ・ザッキンは、この魅力あふれる家で暮らし、その隣には妻で画家のヴァランティーヌ・プラックスがいた。アトリエや庭で彼の作品を鑑賞しよう。

100 bis, rue d'Assas, 6e/RER Port-Royal
01 55 42 77 20
zadkine.paris.fr
月曜定休　入館無料

サン・ジェルマン・デ・プレ＊セーヴル・バビロン

画家の私生活にふれる
ドラクロワ美術館
Atelier-musée Delacroix

　ロマン主義を代表する画家ドラクロワは、サン＝シュルピス教会の聖天使礼拝堂の装飾をになうことに大きな誇りを感じていた。だから彼は1857年に、教会にほど近いフュルステンベルク広場に移り住んだ。「わたしのアパルトマンはほんとうに魅力的だ」と彼は言っていたが、まったくそのとおりだ。3部屋のアパルトマンで、ドラクロワは人生最後の数年間を過ごした。中庭の静けさと、彼のアトリエから漂ってくるメランコリーを感じよう。ここではみんな足音をしのばせて歩く。まるで当家の主人がたったいま旅立ったばかりであるかのように…

よく知られたロマン派の画家ウジェーヌ・ドラクロワは、この3部屋のアトリエで晩年を過ごした。まるで巨匠が今絵筆を置いたばかりのように感じられる。

6, rue de Furstenberg, 6e/地下鉄 Saint-Gérmain-des-Prés
01 44 41 86 50
musee-delacroix.fr
火曜定休
入館料 7ユーロ

のんびりしよう
カトリーヌ＝ラブレ公園　Jardin Catherine-Labouré

　不思議のメダイ教会に隣接する公園。不思議のメダイ教会を本部とする愛徳姉妹会は、教会の菜園の一部を譲渡して、この公園を造ることを許可した。そのためか、ここは不思議な静けさにつつまれている。長い石壁に守られた魔法のような公園だ。菩提樹とポプラに囲まれた芝生をはさんで、一方には教育を目的とする菜園、もう一方にはブドウ棚のトンネルと、スグリやハシバミの生け垣がある。夏には、草の上に座って桜の木に背を持たせかける。読書をするのにこれ以上の場所はない。

ボン・マルシェの近くにある、あまり知られていない公園。隣接する不思議のメダイ教会が土地を寄贈して造られた。静かでおだやかな楽園だ。読書したり、ぼんやりと考えごとをしたりするのにうってつけだ。

29, rue de Babylone, 7e/
地下鉄 Sèvres-Babylone

ある街角のパリジェンヌ

シャンゼリゼ大通り
ジョルジュ・サンク通り
ポンテュー通り
アルマ広場
モンテーニュ大通り
プレジダン・ウィルソン通り

シャンゼリゼ

アルマ

「レ・シャン」と呼ばれるこの界隈には、外国ブランドが軒をつらねるモンテーニュ大通りや高級レストランがあり、観光客があふれている。でもそれだけではない。大通りの喧騒を離れると、手頃な値段で高級感や優越感を味わえるようなスポットがある。俗世間を離れて、「オー・シャンゼリゼ」に歌われたあの伝説の街を見つけられるかもしれない。晴れでも雨でも、欲しいものは全部あるよ、シャンゼリゼには…

Do it in Parisのアプリやdoitinparis.comのサイトには、さらに多くのとっておきスポットが常時掲載されている。

とっておきのパリ

ショッピングをする
モード・美容

うれしい悲鳴をあげるために
ル・ティグル・ヨガ Le Tigre Yoga

　このヨガスタジオでは、パリの一流インストラクターたちによる、あらゆるタイプのヨガ（バーを使ったヨガ、インテグラル・ヨガ、ヨッダ・ヨガなど）のレッスンが受けられる。マット・ピラティスやマシン・ピラティスのエクササイズもあり、すばらしいマッサージも体験できる。年会員にならなくても、好きな時間のクラスを選んでオンラインで登録できる。シックな一流スタジオの清潔なレッスン室で、あらゆるクラスを体験してみることだってできそうだ。オーム・シャンティ！　平和な気持ちになれますように。

パリの一流インストラクターたちによる、あらゆるタイプのヨガレッスンが受けられる高級スタジオ。ピラティスのレッスンや、すばらしいマッサージも受けられる。時間単位のレッスンをオンラインで登録しよう。オーム・シャンティ！

17-19, rue de Chaillot, 16e/地下鉄 Iéna
09 84 54 17 34
tigre-yoga.com
年中無休

シャンゼリゼ＊アルマ

スタイリッシュなアイテム
バイ・マリー　By Marie

　モンテーニュ大通りの高級ブティックに代わって、価値あるアイテムを提供してくれるセレクトショップ。創設者のマリー・ガスは、まさに掘り出し物の名人。国境や先入観にとらわれることなくアイテムを探し求めている（フォルテフォルテ、ローズアンナ、ネッサ・バイ・ヴァネッサ・ミムランなど）。おかげで、ヴィンテージ・ジュエリーの素晴らしいコレクションをはじめ、ほかには見られない多様なスタイルがそろっているので、どんな人でも自分にぴったりのものが見つけられる。毎週火曜日の夜には、スタイリストによるカウンセリングサービスもある（要予約）。

モンテーニュ大通りの高級ショップとはまったく趣を異にしている。マリー・ガスは、まれに見る多様なファッションスタイルと、ヴィンテージ・ジュエリーのコレクションを提供する。火曜日の夜には、予約制の特別カウンセリングがある。

© BY MARIE

8, avenue George-V, 8^e/地下鉄 Alma-Marceau
01 53 23 88 00　bymarie.fr　日曜定休

VIPはあなた
ラ・シュイット・ブルー
La Suite Bleue

　女優たちがおしのびでやってくるシックなサロン。もしかしたらカトリーヌ・ドヌーヴに出会うかも。脱毛、ヘアスタイリング、リジュベネーション（若返り）、ネイルバー、さらにはグルメカウンターまである。要は、なんにでも対応してくれるスタッフがいる超高級ホテルのスイートルームをイメージした、リラクゼーションサロン。VIP料金のコースもあるけれど、ネイルケアやブロースタイリングは、上質なわりにお得な料金となっている。

超高級ホテルのスイートルームをイメージしたこのサロンに行けば、カトリーヌ・ドヌーヴに出会えるかもしれない。脱毛、ヘアスタイリング、リジュベネーション、ネイルバーのほか、グルメカウンターもある。

© LA SUITE BLEUE

47bis, avenue Hoche, 8e/地下鉄 Charles-de-Gaulle-Étoile
01 53 81 85 53
lasuitebleue.com
日・月曜定休

とっておきのパリ

ショッピングをする
インテリア

燦然たる輝き
メゾン・バカラ　Maison Baccarat

© MAISON BACCARAT

パリ16区のエタ＝ジュニ（合衆国）広場11番地には、ベルエポックのパリで社交界の女王とうたわれたマリー＝ロール・ド・ノワイユ夫人が、一風変わったパーティを催していた邸宅がある。現在この邸宅は、フランス人装飾家フィリップ・スタルクの手によって、名高いクリスタル・ブランドの栄光の歴史を伝えるギャラリーミュージアムとなっている。あえてむきだしの壁と、見事なクリスタルコレクションの間で視線が揺れ動く。シャンデリア、テーブルウェア（とりわけすさまじいほどのグラスとカラフのセット）、宝石やアクセサリーの数々。ここではすべてが燦然と輝いている。

かつて社交界の女王とうたわれたマリー＝ロール・ド・ノワイユ夫人が住んでいた歴史的な邸宅は、著名な装飾家フィリップ・スタルクの手によって改装され、メゾン・バカラの豪華なクリスタル製品を展示する小さな美術館となっている。

11, place des États-Unis, 16e/
地下鉄 Boissière
01 40 22 11 22
baccarat.fr　日曜定休
その他の店舗
79, rue du Faubourg-Saint-Honoré, 8e/地下鉄 Miromesnil/01 42 65 36 26
・サントル・コメルシアル・ボーグルネル店　Centre Commercial Beaugrenelle
12, rue Linois, 15e/地下鉄 Charles-Michels/01 40 22 14 34
・ハイアット・リージェンシー店　Hôtel Hyatt Regency
3, place du Général-Koenig, 17e/地下鉄 Porte-Maillot/01 40 68 50 65

シャンゼリゼ＊アルマ

いつでも豊富な品ぞろえ
ピュブリシス・ドラッグストア　Publicis Drugstore

あまり意識したことはないかもしれないけれど、毎日深夜まで営業しているドラッグストアには、自分用だけでなく贈り物としても気の利いたアイテムがそろっている。クリスタルのカラフはお義母さんに、豹柄のファイルホルダーは友だちに、長さが2メートルもあるパズルはおいっ子に、とみんなが喜びそうなものがある。ブックスタンドで、はやりの小説や、外国の新聞雑誌を買うことだってできるし、スイーツやお酒も置いてある。もちろん薬局もあって便利だから、みんなのお気に入りスポットだ。

毎日深夜2時まで開いているので、いつでも立ち寄れて便利なドラッグストア。薬局だけでなく、かけこみのプレゼントを買ったり、外国の本や雑誌も置いてあるブックコーナーを見てまわったりもできる。

133, avenue des Champs-Élysées, 8ᵉ/地下鉄 Charles-de-Gaulles-Étoile
01 44 43 79 00
publicisdrugstore.com　年中無休、深夜2時まで営業

まさに最上級グレード！
ル・ロワイヤル・エクレルール　Le Royal Éclaireur

　ホテル「ル・ロワイヤル・モンソー」内にある、インテリアとモードの高級ブティック。デザイン性を重視してセレクトされたアイテムが、ユニークなスペース（フィリップ・スタルクとアルマン・アディダがデザイン）に陳列されている。ギャラリーのように、見てまわるだけでも楽しい。ついでに、同じくホテル内にあるアート関連のブックストア「ラ・リブレリー・デ・ザール」ものぞいてみよう。700冊もの書籍のほか、アーティストやデザイナーによる限定アイテムもあるので、この機会に奮発するのもいい。ブティックやブックストアに立ち寄るのを口実に、パリの最上級グレードホテルをのぞいてみることもできる。

デザイナーのフィリップ・スタルクとアルマン・アディダが手がけた、インテリアとモードの高級ブティック。ホテル「ル・ロワイヤル・モンソー」内にあり、いつでも面白い発見がある。アート関連のブックストアものぞいてみよう。

39/41, avenue Hoche, 8ᵉ/地下鉄 Ternes
01 56 68 10 47
lecleireur.com
日曜定休

© LE ROYAL ÉCLAIREUR

とっておきのパリ

ひと休みする
グルメ

トレンディなテラス

ムッシュー・ブルー
Monsieur Bleu

　この界隈きってのセレブたちが集まる、パレ・ド・トーキョー内のレストラン。建築家ジョセフ・ディランが手がけた華麗な内装は、パリのファッション関係者や文化人たちをとりこにしている。セーヌ川とエッフェル塔にのぞむ洗練されたテラスは、シックでありながら、どこかのどかな雰囲気がただよう。こんな素敵な場所で、夜のひとときをリーズナブルに過ごせる、屋上テラスのロゼ・バーもおすすめ。

パレ・ド・トーキョー内の、エッフェル塔をみわたせるテラスがある社交場的なレストラン。華麗な内装は、建築家ジョセフ・ディランが手がけたものだ。天候に恵まれた夜には、ぜひ屋上テラスで楽しいひとときをすごそう。

20, avenue de New-York, 16ᵉ / 地下鉄 Alma-Marceau
01 47 20 90 47
monsieurbleu.com
年中無休

屋上のライバル

にぎやかなシャンゼリゼのまんなかで、高みの見物ができるのはごぞんじだろうか。クレベール大通りにある、隣接するふたつの高級ホテルの屋上に行けば、息をのむようなパリの絶景が楽しめる。**ホテル・ザ・ペニンシュラ**の「ロワゾー・ブラン」でお得なランチをとるか、**ホテル・ラファエル**のテラスでロマンティックにお酒を飲むかはお好みしだい。歌手のゲンズブールは、ホテル・ラファエルを別宅のように使っていたそうだ。

シャンゼリゼの喧騒から離れてみよう。ふたつのホテルの屋上からのパリの眺めは、息をのむほど美しい。ホテル・ザ・ペニンシュラの「ロワゾー・ブラン」でランチをとるか、ホテル・ラファエルのロマンティックなテラスでお酒を飲むかは、お好みで。

ホテル・ザ・ペニンシュラ　Hôtel The Peninsula
19, avenue Kléber, 16ᵉ/地下鉄 Kléber
01 58 12 28 88　paris.peninsula.com　年中無休

ホテル・ラファエル　Hôtel Raphaël
17, avenue Kleber, 16ᵉ/地下鉄 Kléber
01 53 64 32 00　leshotelsbaverez.com/fr/home/raphael　年中無休

夜更かしの肉好きたちに
ラ・メゾン・ド・ロブラック
La Maison de l'Aubrac

　オーヴェルニュ地方から直送される上質な牛肉を味わえるのは、オーナーでもあるクリスチャンとエリザベトのヴァレット夫妻が畜産家でもあるからだ。レストランにはいってすぐに気づくのは、冷蔵ケースの中にずらっとならぶ3〜7週間熟成の肉。メニューには、おいしいリブロースや特大バゲット（かいのみ）、タルタルステーキなどがある。デザートには、タルト・タタンをアレンジしたタルト・ピエレット。ダイエット中の人にはおすすめしない。

肉好きたちをうならせるシックなレストラン。オーナーでもある、クリスチャンとエリザベトのヴァレット夫妻がそだてた、オーヴェルニュ地方の最高級の牛肉を、ユニークなインテリアの中で味わえる。ただし、ダイエット中の人にはおすすめしない。

37, rue Marbeuf, 8ᵉ/地下鉄 George-V
01 43 59 05 14
maison-aubrac.com
年中無休　24時間営業　アラカルト 40ユーロ程度

とっておきのパリ

シャンゼリゼの隠れた楽園

人目につかないところでランチやディナーをとりたいなら、観光客に知られていない隠れ家的なスポットをめぐってみよう。観光客でにぎわうシャンゼリゼで、まわりからの視線を気にせずに食事ができるのがうれしい。**カフェ・アールキュリアル**は、オークションハウス「アールキュリアル」の建物内にあるカフェ。芸術作品に囲まれた静かな雰囲気の中で、軽い食事を取ることができる。少し足をのばして、**ル・ミニ・パレ**に寄ってみよう。アレクサンドル3世橋やグラン・パレのガラス張りのドームを眺めながら、趣向を凝らした料理とワインを堪能することができる。日が暮れてからの、ロマンティックなディナーにおすすめだ。向かいにある**カフェテリア・デュ・プティ・パレ**では、思いがけない素敵な楽しみが待っている。1900年パリ万博を飾った緑豊かな中庭、美しい噴水、絵画のコレクションが無料で鑑賞できるのだ。ランチタイムのあとの静かな時間…。これ以上の贅沢があるだろうか。さらにうれしいことに、ここで出されるものはどれもおいしい。

観光客でにぎわうシャンゼリゼ大通りにほど近いところにあって、軽く食事をすませたり、アートに囲まれてゆったりと食事を楽しんだりできる隠れ家的スポット。

カフェ・アールキュリアル　Café Artcurial
7, rond-point des Champs-Élysées, 8ᵉ /
地下鉄 Champs-Élysées-Clemenceau
01 53 76 39 34
cafeartcurial.fr
年中無休

ル・ミニ・パレ　Le Mini Palais
3, avenue Winston-Churchill, 8ᵉ /
地下鉄 Champs-Élysées-Clemenceau
01 42 56 42 42
minipalais.com
年中無休

カフェテリア・デュ・プティ・パレ　Cafétéria du Petit Palais
Avenue Winston-Churchill, 8ᵉ /
地下鉄 Champs-Élysées-Clemenceau
01 40 04 11 41
petitpalais.paris.fr
月曜定休

シャンゼリゼ＊アルマ

ショッピングをする
グルメ

小さな塩味の宝石
ラ・ピスタシュリ　La Pistacherie

　レトロな高級菓子店のようだけれど、マシュマロは置いていない。ここはピスタチオ専門店だ。塩味、砂糖味、プレーン味など、あらゆる種類のピスタチオがある。燻製アーモンド、ペカンの実、カシューナッツ、ヘーゼルナッツ、松の実などのナッツ類や、ロクム（ターキッシュディライト）、ヌガーなどの甘い菓子類も、宝石のようにディスプレーされていて、まさに洗練の極致。店員が笑顔でアドバイスしてくれるグルメで美しい店だ。

ピスタチオの王国にようこそ。砂糖味、塩味、プレーン味のピスタチオ、種類豊富なナッツ類、ドライフルーツ、甘い菓子類を、笑顔の店員がすすめてくれる。

5, place de l'Alma, 8^e/ 地下鉄 Alma-Marceau
01 44 43 03 26
lapistacherie.fr
年中無休

とっておきのパリ

スターシェフのパン
ラ・パティスリー・シリル・リニャック
La Patisserie Cyril Lignac

　期待どおりの高級感をただよわせたパン店の大理石のカウンターには、軽めのヴィエノワズリと、パリ・ブレスト、ババ・シャンティイ・ア・ラ・ヴァニーユ、マントン産レモンのエクレアなど、アレンジを加えた伝統のパティスリーがならぶ。チョコレートや塩バターキャラメルや季節の果物など、質のいい素材だけが気どりなくたっぷりと使われている。

期待どおりの高級感があるパン店の大理石のカウンターには、軽めのヴィエノワズリや、パリ・ブレスト、ババ・シャンティイ・ア・ラ・ヴァニーユ、マントン産レモンのエクレアなど、アレンジを加えた伝統のパティスリーがならぶ。シンプルでボリュームたっぷりだ。

2, rue de Chaillot, 16e/地下鉄 Iéna
01 55 87 21 40
lapatisseriecyrillignac.com　年中無休

姉妹店
　・133, rue de Sèvres, 6e/地下鉄 Duroc　年中無休
・24, rue Paul-Bert, 11e/地下鉄 Faidherbe-Chaligny
01 43 72 74 88　年中無休

イギリスの時間を過ごす
マークス＆スペンサー
Marks & Spencer

　一度はフランスから撤退したマークス＆スペンサーが、華々しくカムバックを果たした。クランペット、マフィン、ウェルシュケーキ、パンケーキ、ベーグル、クッキー、それに本物のチェダーチーズが、パリっ子たちのおやつや朝食やブランチのテーブルにもどってくる。時間がないという人には、テイクアウトのサラダや本物のBLT（ベーコン、レタス、トマト）クラブハウスサンドウィッチもある。周辺のファストフード店の味気ないサンドウィッチではものたりないという人にはうれしいメニューだ。

ついにあのマークス＆スペンサーが、イギリス伝統のウェルシュケーキやクランペット、最高においしいサンドウィッチをひっさげて戻ってきた。

100, avenue des Champ-Élysées & 1, rue de Berri, 8e/地下鉄 George-V
01 56 69 19 20
marksandspencer.fr
年中無休
パリには他に9店舗ある

シャンゼリゼ＊アルマ

発見する
カルチャー

これぞオートクチュール！
ピエール・ベルジェ＝イヴ・サンローラン財団
Fondation Pierre Bergé-Yves Saint Laurent

　この財団がピエール・ベルジェの支援によって設立されたのはいうまでもないが、イヴ・サンローラン自身の功績によるところも大きい。イヴ・サンローランは、デビュー当初からのおもなコレクションと、すべてのデッサンを保存していたからだ。財団はサンローランが30年近く仕事場にしていた建物の中にあり、現在では5000着の衣装や、1万5000点以上のアクセサリーやデッサンを所蔵している。パンタロンスーツ、ピーコート、トレンチコートなど、女性解放に貢献した革新的なスタイルも、そのなかに含まれている。イヴ・サンローランの作品を保存するだけでなく、財団は若手デザイナーを積極的に支援し、モードをテーマにした展示会や20世紀の絵画や写真の展示会を開催している。

デザイナーのイヴ・サンローランが30年以上仕事をしていた建物にある財団。サンローランの作品やスケッチが展示されているほか、ファッションや絵画や写真の展示会も開催される。

5, avenue Marceau, 16ᵉ/地下鉄 Alma-marceau
01 44 31 64 00
fondation-pb-ysl.net
月曜休館
入館料 7ユーロ、割引料金 5ユーロ

とっておきのパリ

12時から24時まで芸術鑑賞
パレ・ド・トーキョー
Palais de Tokyo

「アンチミュージアム」をコンセプトとするこのアートセンターは、2万2000平方メートルという膨大なスペースにリニューアルされ、まさに現代アートの開拓地となった。伝説的な企画を手がけてきたジャン・ド・ロワジー館長のもと、時代の最先端を表現しようとする人々のために、交流と活動の場を提供している。常設のコレクションはないが、ファブリス・イベール展のような大規模な回顧展、トリエンナーレ、コンサート、子ども向けワークショップ「トック・トック」など、現代アートをめぐる活動がたえず行なわれている。美食家たちには、パリで最も美しいといわれるテラスの「トーキョー・イート」がおすすめ。パリの最先端アートを生み出す人々がいきかう、活気にあふれたカフェレストランだ。

大規模にリニューアルして、コンテンポラリーアートのヨーロッパ最大のセンターとなったパレ・ド・トーキョーでは、たえずイベントが催されている。新たなレストランもオープン。子ども向けのワークショップもある。

13, avenue du Président-Wilson, 16ᵉ/地下鉄 Alma-Marceau
01 81 97 35 88
palaisdetokyo.com
火曜休館
入館料 10ユーロ、割引料金 8ユーロ

シャンゼリゼ＊アルマ

公爵夫人の夢

ガリエラ宮　Palais Galliera

　1878年に、ガリエラ公爵夫人は、自分の美術コレクションをフランス国家に寄贈することを決めた。ただし、自分が建てさせた美術館に展示することが条件だった。その後、この美しい美術館はさまざまな運命をたどってきた。今ではここで、権威あるさまざまなモード展が開催されている。ファッション・ウィークにぜひ訪れたい場所だ。

1878年、ガリエラ公爵夫人は、自分が建てた美術館に展示するという条件で、美術コレクションをフランス国家に寄贈した。現在この美術館では、ファッション関係の権威ある展覧会が定期的に開催されている。

10, avenue Pierre-1er-de-Serbie, 16e／地下鉄 Iéna
01 56 52 86 00
palaisgalliera.paris.fr
月曜定休
入館料8ユーロ、割引料金6ユーロ

ある街角のパリジェンヌ

ロシュシュアール通り
サン・ラザール通り
オスマン大通り
ノートルダム・ド・ロレット通り
トリュデーヌ大通り
ナヴァラン通り
クローゼル通り
ギュスターヴ・トゥードゥーズ広場

グラン・ブルヴァール

マルティール通り

オスマン大通りから、ヌーヴェル・アテネの小さな通りまで、このエリアにはパリ右岸のあらゆるエネルギーが集まっている。パッサージュやオークションハウスのドルオー、ギャルリー・ラファイエットのステンドグラスのドーム、魅力的なサン＝ジョルジュ広場のアンティーク街、昔の面影を残す劇場、マルティール通りのおいしい料理。このエリアにあるのは新旧のコントラスト、そしてたえまない動きだ。

Do it in Parisのアプリやdoitinparis.comのサイトには、さらに多くのとっておきスポットが常時掲載されている。

とっておきのパリ

ショッピングをする
モード・美容

夢のようなおくりもの
ギャルリー・ド・ロペラ・ド・パリ
Galerie de l'Opéra de Paris

チュチュ、カシュクール、ティアラ、ストール、アクセサリー、セクシーでシックな夜会用ドレス。このブティックにはダンスにかかわるすべてのものがそろっている。入れ替えが常に行なわれるので、最新のアイテムばかりだ。ディディエ・リュドのプティットローブノワール（黒のミニドレス）、マリアブラックのジュエリー、もちろんレペットのアイテムもある。男性たちも負けてはいられない。バレエダンサーのヌレエフか、さもなければバレエプロデューサーのディアギレフのように装えるものを見つけよう。すべてのバックグラウンドにあるのはクラッシック音楽だ。バレエやコンサートのDVD、書籍、CDなども、音楽好きなら舞い上がってしまいそうなほど豊富にそろっている。

オペラ座の一角にある魅力的なブティック。チュチュからストール、ジュエリー、レペットのシューズまで、ダンスにかかわるありとあらゆるものがそろっている。バレエやコンサートのDVDなども充実している。

アレヴィ通りに面した入口からも入店可能 rue Halévy, 9ᵉ／地下鉄 Opéra
01 53 43 03 97
lagaleriedeloperadeparis.com
年中無休
公演日は公演終了まで営業

グラン・ブルヴァール＊マルティール通り

靴の巣
ルフ・ショシュール
L'Œuf Chaussures

　トレンディなスウェットやTシャツやマグカップなどをそろえたコンセプトショップ、「ルフ・パリ」（「パリの卵」という意味）に続いて、デザイナーのピエール・エスペルとその妹が、高感度のシューズ・ショップを向かいにオープンさせた。黄色を基調にしたインテリアの店内には、イタリアやスペインやフランスの、知る人ぞ知るブランドのショートブーツ、パンプス、フラットシューズや、ロックの雰囲気の厚底スニーカーなどがならぶ。靴好きにとっては金鉱のような場所だ。

デザイナーのピエール・エスペルとその妹が、トレンディなコンセプトショップに続いて、向かいにオープンさせたシューズ・ショップ。イエローカラーの店内には、さまざまな国のブランドの靴がならんでいる。靴好きにとってはまさに金鉱だ。

14, rue Clauzel, 9ᵉ／地下鉄 Saint-Georges
01 73 73 86 82　　loeufparis.com　　月曜定休

パリらしいアイテム
セット・サンク　Sept Cinq

　友人どうしのふたりのパリジェンヌが開いたこのコンセプトショップには、パリの新進クリエーターたちのアイテムが集められている。バッグ、文房具、バングル、チャームつきブレスレット、ソックス、本、キャンドル、ブーツ、マニュキアなど、思わず欲しくなってしまうようなアクセサリーばかりだ。小さなパラダイスでギフトを見つけたあとは、サロン・ド・テのコーナーでカフェ・ラテを飲んだり、アペリティフの時間を過ごしたりもできる。

友人どうしのふたりのパリジェンヌが開いたコンセプトショップ。新進クリエーターたちのアイテムとの思わぬ出会いを演出してくれる。ギフトを見つけたあと、サロン・ド・テのコーナーでカフェ・ラテやお酒を飲むことができるのもうれしい。

54, rue Notre-Dame de Lorette, 9ᵉ／地下鉄 Saint-Georges
09 83 55 05 95　　sept-cinq.com　　日曜定休

とっておきのパリ

ショッピングをする
インテリア

ただちにご搭乗ください
ル・ロケットシップ　Le Rocketship

　グラフィックアートとインテリア雑貨と居心地のいいコーヒーカウンターが自然に同居している…　それが「ル・ロケットシップ」だ。こんな場所はほかにはない。このコンセプトショップにしかないものがふたつある。パリの通りの名前をおもしろおかしくひねった、いかにもパリらしいポスター（オーナーのお兄さんの作品）と、極上のコーヒーとクセになるチャイ・ラテが飲めるコーヒーカウンターだ。

世界中のアーティストのデザイン作品を幅広く集めたコンセプトショップ。すばらしいコーヒーカウンターもある（チャイ・ラテにトライしてみて！）。

13 bis, rue Henry-Monnier, 9ᵉ/地下鉄 Saint-Georges
01 48 78 23 66
lerocketship.com
日・月曜定休

グラン・ブルヴァール＊マルティール通り

アートなフラワーショップ
ドボーリュー　Debeaulieu

　高級ブティックから、定期的に花を飾ってほしいというオファーが殺到しているフラワーアーティスト、ピエール・バンシューローのフラワーショップ。ヘッドハンターから転身して、いまではトレンディなフラワーアートの権威として認められるようになった。コンテンポラリーアートのギャラリーのようなショップには、いまどきのファッションやインテリアのトレンドからインスピレーションを得て集められた季節の花々や、田舎を思わせる植物や熱帯植物が陳列されている。

高級ブティックがひいきにするピエール・バンシューローは、トレンディなフラワーアートの権威だ。アートギャラリーのような店内には、いまどきのインテリアやファッションに合わせて、季節の花々や、田舎を思わせる植物や熱帯植物が陳列されている。

2 30, rue Henry-Monnier, 9^e /地下鉄 Pigalle
01 45 26 78 68

debeaulieu-paris.com
年中無休

DIYのパラダイス
レフェ・メゾン
L'Effet Maison

　ホームメードのパラダイスへようこそ！　このショップには、手のこんだ料理や毎日の料理を作るのに欠かせないあらゆる材料（高級食材、ジャム用銅製鍋、クロワッサン用の麺棒など）がそろっている。でもそれだけではない。化粧品や家庭用品、観葉植物の挿し穂まである。さらには、パリの料理学校アトリエ・デ・サンスの協力のもと、DIY（料理、化粧品、ガーデニングなど）の理論や実践の講習を受けられる。ブックコーナーで読書を楽しんだり、子どもたちを年齢にあったワークショップに参加させたりすることもできる。ドールハウスのように美しいショップだ。

料理をしたり、化粧品や洗剤を手づくりしたり、庭仕事をしたりするのに必要なものがなんでもそろう、ホームメードのパラダイスのようなショップ。あらゆる年齢層に向けた講座やワークショップもある。

32, rue Vignon, 9^e /地下鉄 Madeleine
01 44 56 94 43
effet-maison.com
日曜定休

とっておきのパリ

ひと休みする
グルメ

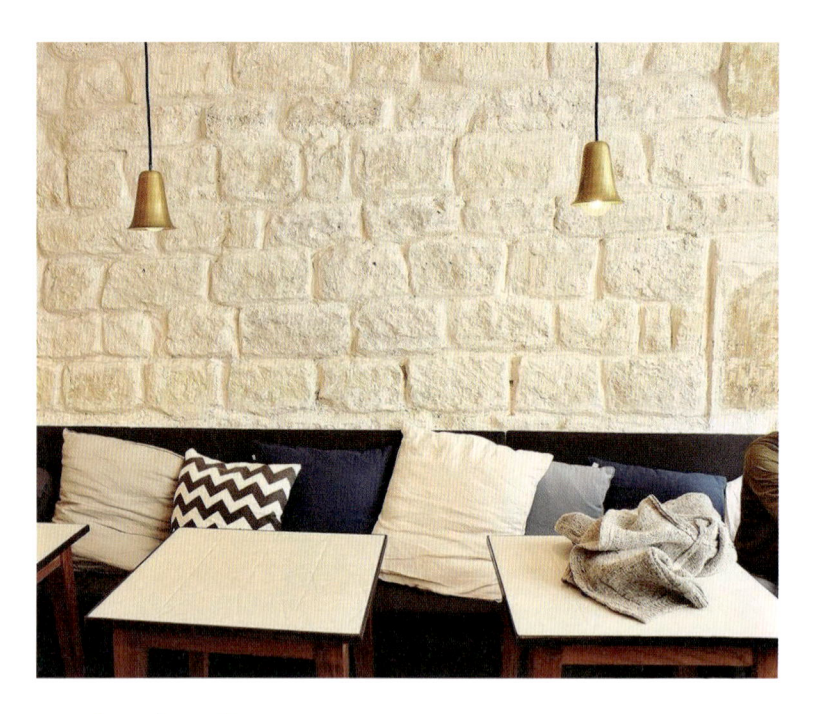

ケーキのブランド
カフェ・マルレット　Cafe Marlette

　マルレットは、オーガニックでグルテンフリーのケーキミックスのブランドとして知られている。そのマルレットが、いごこちのいいコーヒーショップをオープンさせた。おいしいキャロットケーキやフォンダンショコラなど全商品が買えて、しかもケーキやタルティーヌをその場で味わうこともできる。スコーンやグラノーラやミニサンドウィッチでブランチをすれば、とても幸せな気分になれそう。

オーガニックでグルテンフリーのケーキミックスのブランドとして知られるマルレット。新たにオープンした、このいごこちのいいコーヒーショップでは、マルレットの全商品が買える。スコーンやグラノーラやサンドウィッチのブランチで最高にハッピーな時間をすごそう。

51, rue des Martyrs, 9ᵉ/地下鉄 Pigalle
01 48 74 89 73
cafemarlette.fr　月曜定休

グラン・ブルヴァール＊マルティール通り

ココットたちをしのぶ
メゾン・スケ　Maison Souquet

　かつての娼家から静かなホテルに衣がえしたメゾン・スケ。その中にある風変わりなバーは、1900年代に名をはせた高級娼婦たちをしのぶものだ。ココット（高級娼婦）たちの「赤い欲望」の雰囲気をただよわせた、オリエンタル風の豪華な内装にうっとりと魅了される。ウィンター・ガーデンにひっそりと隠れて、背徳の極みである喫煙もできる。

かつての娼家から静かなホテルに衣がえしたメゾン・スケのバーは、1900年代の高級娼婦たちをしのぶものだ。オリエンタル風の「赤い欲望」の雰囲気にうっとりしてしまう。ウィンターガーデンでは喫煙もできる。

10, rue de Bruxelles, 9ᵉ／地下鉄 Blanche
01 48 78 55 55
maisonsouquet.com
年中無休

とっておきのパリ

駅ナカのグルメ
ラザール　Le Lazare

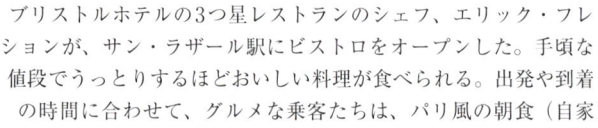

ブリストルホテルの3つ星レストランのシェフ、エリック・フレションが、サン・ラザール駅にビストロをオープンした。手頃な値段でうっとりするほどおいしい料理が食べられる。出発や到着の時間に合わせて、グルメな乗客たちは、パリ風の朝食（自家製クロワッサンとクリーム入りコーヒー）や、ブリオッシュとココア、ハムサンドなどをカウンターで食べる。でもエリック・フレションがめざしたのは、質の良い食材を使って丹念に作ったフランスらしい逸品を提供することだった。セロリのレムラードソースあえ、シェルマカロニのトリュフぞえ、タルタルステーキ、モルトーソーセージと自家製ピュレといった料理をご堪能あれ。シェフ特製のデザート「パリ・ドーヴィル」は絶品だ。

途中下車しても食べたい新スポットは、サン・ラザール駅構内にある、人気シェフ、エリック・フレションのビストロ。最高の食材を使った逸品フレンチが食べられる。デザートの「パリ・ドーヴィル」がおすすめ。

Parvis de la gare Saint-Lazare, rue Interieur, 8^e/地下鉄 Saint-Lazare
01 44 90 80 80
lazare-paris.fr
年中無休

星つきシェフのファストフード

この餃子バーは、すぐ近くにある2つ星レストラン「パッサージュ53」がプロデュースした、低価格の系列店だ。佐藤伸一シェフが質のいい素材でみずから仕込んだ、びっくりするほどおいしい餃子（具は豚肉、ポワロー葱、ショウガ、その他の葱）が食べられる。柑橘系の醤油のタレにつけて食べる。ごはんと合わせてもいい。お芝居を見る前やあとにおすすめ。

佐藤伸一シェフが作った焼き餃子が食べられる、日本の本格派ファストフードの店。この地区の劇場でお芝居を見る前やあとにぜひどうぞ。

餃子バー　Gyoza Bar
56, passage des Panoramas, 2^e/地下鉄 Richelieu-Drouot
01 44 82 00 62
gyozabar.com
日曜定休

グラン・ブルヴァール＊マルティール通り

ショッピングをする
グルメ

ロックンロールなアイスクリーム
グレーズド　Glazed

　移動販売でパリを走り回っていたアイスクリーム屋が、日当たりのいい小さなテラスのあるロックなショップ（黒い壁、チャコールグレーのタイル張りの床、ブラシがけしたメタル）をオープンすると、街の人たちが殺到した。でも、イチゴバニラのコーンはここにはない。グレーズドにあるのは、モヒート、梨とニワトコリキュール、バニラと麻の実などのフレーバー入りアイスだ。ピスタチオとゴマ、チョコレートとワサビとショウガ、マンゴーとエスプレット産トウガラシのアイスだって、カップやコーンやシェークで味わえる。

移動販売のアイスクリーム屋が、小さなテラスのある、しゃれたショップ（黒い壁、チャコールのタイル、ブラシがけしたメタル）をオープンさせると、人々が殺到した。モヒート、ピスタチオとゴマ、チョコレートとワサビとショウガといったフレーバーのアイスを、コーンやシェークで味わうために…。

54, rue des Martyrs, 9^e/地下鉄 Pigalle
09 81 62 47 06
glaces-glazed.com
月曜定休

99

タルティーヌ婦人の宮殿
ラ・シャンブル・オ・コンフィチュール La Chambre aux Confitures

美しい瓶に入れられた、約100種のコンフィチュールがならぶ「コンフィチュール・バー」。独自のコンセプトを持つオーナーのリーズは、使われているフルーツの種類や、作られた季節によって棚を分類している。「秋の果物」「冬の柑橘類」「外国産フルーツ」などといったぐあいだ。「花のジュレ」というのもある。おすすめは「チョコレート風味のおちゃめなコンフィチュール」シリーズの中の、「マログラッセ風シャテーニュ」。毎日のタルティーヌ（スライスしたパン）に塗ったり、自家製の料理やお菓子に使ったりするだけでなく、グルメな贈り物にもぴったりだ。

100種ものジャムが、オーナーであるリーズの独自のコンセプトによってならべられているショップ。ギフトにも、グルメな朝食や手作りレシピにもぴったりだ。

9, rue des Martyrs, 9ᵉ／地下鉄 Saint-Georges
lachambreauxconfitures.com
月曜定休
姉妹店
60, rue Vieille-du-Temple, 3ᵉ／地下鉄 Rambuteau

地産地消のショッピング
コース Causses

高級食材店である以上に、「コース」は正真正銘の逸品が買える食料品店だ。オーナーのアレクシスは、厳しい基準（添加物や化学物質を使わないシンプルな味と調理法）をクリアした生産者だけを選んでいる。この店では100％地元産の食材で買い物袋をいっぱいにすることもできる。正真正銘のパリのハム、ブリー・ド・モーやブリー・ド・ムラン、パリ郊外のガティネ地方で作られる蜂蜜、ヴェルサイユ製粉所の小麦粉などがある。もう少し範囲を広げれば、シェールのプティット・ブリオッシュや、パ＝ド＝カレのヨーグルトもある。どれもおいしそうだ！

100％ナチュラルな食材が買える高級食料品店。本物のパリのハム、ブリー・ド・モーやブリー・ド・ムランなど、地元の食材で買い物かごをいっぱいにすることもできる。パリから少し離れたシェールやパ＝ド＝カレ産のものもある。

55, rue Notre-Dame-de-Lorette, 9ᵉ／地下鉄 Pigalle または Saint-Georges
01 53 16 10 10
causses.org
日曜定休
姉妹店　222, rue Saint-Martin, 3ᵉ／地下鉄 Art-et-Métiers　01 42 71 33 33

グラン・ブルヴァール＊マルティール通り

発見する
カルチャー

袋小路の奥にある魅力的な場所
ロマン派美術館　Musée de la Vie romantique

　敷石がしきつめられた魅力的な中庭を歩いていると、この邸宅ほどロマン派をたたえるのにふさわしいものはないと思えてくる。バラやクレマチスの咲く庭にはサロン・ド・テもあって、時間のたつのも忘れてしまいそう…。でも肝心なものは、ミントグリーンの鎧戸がある建物の中だ。1階にはジョルジュ・サンドの肖像画や、彼女が使っていた家具や宝石が展示されている。2階には、ここに住んでいた画家アリ・シェフェールや同時代の画家たちの作品がある。特別展も定期的に開催されている。

舗装された中庭をぬけて邸宅に入ると、女流作家ジョルジュ・サンドにゆかりのあるものや、画家アリ・シェフェールの作品などを鑑賞できる。特別展も定期的に開催されている。小さなサロン・ド・テがとてもロマンティック。

16, rue Chaptal, 9e/地下鉄　Pigalle
01 55 31 95 67
vie-romantique.paris.fr
月曜定休
常設展は入館無料

とっておきのパリ

知られざる至宝
ギュスターヴ・モロー美術館　Musée Gustave-Moreau

　象徴派の画家ギュスターヴ・モローが、亡くなる数年前に建てた魅力的な建物。自宅でありアトリエでもあったこの場所には、2万点を下らない作品が収蔵されている。一般公開されているのはその作品の一部だが、維持管理がいきとどき、いまだに19世紀の香りを漂わせている邸内を見てまわることができる。2階には食堂、寝室、居間、書斎兼書庫などがある。エレガントならせん階段で3階に上がると、大きなカンバスが壁にかかるアトリエがある。これもパリのちょっとした楽しみのひとつだ。

鑑賞者を魅了する、象徴派の画家ギュスターヴ・モローの自宅兼アトリエだった場所。2万点の作品を所蔵する。画家の居室から最上階のアトリエにいたるまで、19世紀の雰囲気がそのまま残っている。

14, rue de La Rochefou-cauld, 9°/地下鉄 Trinité-d'Estienne-d'Orves
01 48 74 38 50
musee-moreau.fr
火曜休館
入館料 6ユーロ
割引料金 4ユーロ

ブルヴァール＊マルティール通り

コレクターの喜び
パッサージュ・ヴェルドー
Passsage Verdeau

　雨が降っていても掘り出し物を見つけに行きたい？　それなら、ほかのパッサージュほど有名ではないけれど、屋根のあるこのパッサージュに行ってみよう。パッサージュ・ジョフロワを延長して1847年に完成したこのパッサージュは、当時の魅力的な風情をそのまま保っている。ドルオーのオークションハウスができると、多くの古物商たちがここに店を開いた。そして古書や中古カメラやレトロの絵葉書のコレクターたちがやってくるようになった。趣のある店のいくつかは今もまだ健在で、漫画専門店には「タンタン」がならんでいたりする。ショッピングのあいまにひと休みするのにぴったりの喫茶店もある。

1847年に完成した屋根のあるパッサージュ。本やカメラや古いポストカードのコレクターたちをひきつけている。小さな商店やサロン・ド・テもある。

la rue de la Grange-Batelière と la rue du Faubourg-Montmartre のあいだ, 9ᵉ/地下鉄 Richelieu-Drouot

ある街角のパリジェンヌ

Angéline Mélin

ランクリー通り
ヴィネグリエ通り
ゴンクール通り
マルセイユ通り
グランジュ・オ・ベル通り
ボルペール通り
ジャマップ河岸
フォーブール・サン・ドニ通り
ヴァルミー河岸
パッサージュ・ブラディ

フォーブール・サン・ドニ
サン・マルタン運河

上り坂の続くエリアだ。起点にあたるのがサン・ドニ。かつては庶民的な地区だったが、今では広告業者やトルコレストラン、インド食材店、ディスコバーなどが隣り合う街になっている。もう少し東のサン・マルタン運河沿いに歩くと、マルセル・カルネ監督の映画「北ホテル」でアルレッティが「アトモスフェール、アトモスフェール」と叫ぶシーンを思い出させる光景にであう。その一方で、トレンディなカフェテラスや、ヴィンテージショップ、アートギャラリーに現代の空気を感じることもできる。

Do it in Parisのアプリやdoitinparis.comのサイトには、さらに多くのとっておきスポットが常時掲載されている。

とっておきのパリ

ショッピングをする
モード・美容

トレンディなバザール
バザーセラピー　Bazartherapy

　床から天井から店内のすみずみまで、あっと驚くようなギフトのアイデアがぎっしり詰まっている現代的なバザールのようなショップ。整然としているところが昔の薬屋を思わせるものの、ここにあるのはどれも欲しくなってしまうようなものばかり。メイド・イン・ニューヨークのザ・ソープ・ファクトリーのせっけんから、ロールオンタイプのアロマオイルまで、世界中から（フランス、アメリカ、日本、スカンディナヴィアなど）集められたニッチなアイテムがそろっている。マストアイテムは、贈る相手が女性か男性か子供かによって選べる、意外性のあるラッピングケースだ。そのままでも、あるいは何かを入れて贈ることもできる。

現代的なバザールのような整然としたこのショップには、床から天井まで、すてきなギフトのアイデアがあふれている。世界中から集められたニッチなアイテムだ。

15, rue Beaurepaire, 10ᵉ／地下鉄 Jacques-Bonsergent
01 42 40 10 11
bazartherapy.com
年中無休

フォーブール・サン・ドニ＊サン・マルタン運河

エコなうえに魅力的
サントル・コメルシアル
Centre Commercial

　サントル・コメルシアルはショッピングセンターという意味だが、ヴェリジー、ロニー、パーリーなどといった郊外型の「ショッピングモール」とは無関係。ここは、エコロジカルなスニーカーブランド「Veja」のコンセプトショップだ。工場のようなガラス屋根、ざらざらした壁のショールームにはヴィンテージ家具やアンティーク雑貨、トレンディファッションが。デザインアートの展示会も開催される。「Moonchild」や「Bleu de Paname」「Zespa」のコレクションや、「A Peace Treaty」のストール、レトロな眼鏡、シャルロット・ペリアンのウォールランプ、マテゴの照明器具に目をうばわれそう。光沢のあるゴールドの低いテーブルは無名のブランドながらとてもおしゃれで、だれかが買ってくれるのをおとなしく待っているかのようだ。新しいブランドや目先の変わったものを見つけるには最高のショップだ。

エコロジカルなスニーカーブランド「Veja」が開いたコンセプトショップ。ファッション、ヴィンテージ家具、キュートなアンティークなど、このショップにあるものはどれもサステナブル（環境を破壊せずに持続可能）。新しいブランドやめずらしいものを見つけるのにぴったりのショップだ。アートデザインの展示会も開いている。

2, rue de Marseille, 10°／地下鉄 Jacques-Bonsergent
01 42 02 26 08
centrecommercial.cc
年中無休

お値打ちもののヴィンテージ
シェ・シフォン　　Chez Chiffons

　ランクリー通りにあるこのかわいいブティックで売っているのは、ただの「シフォン」（服飾品）ではない。テッドラピドスやイヴ・サンローラン、ウンガロといった大御所や、そのほかのブランドのヴィンテージが300着以上もあって、そのほとんどがリーズナブルな価格で売られている。魅力的なアクセサリーもそろっている。どれも状態の良いものばかり。まさにお値打ちものだ。

300着以上の有名ファッションブランドのヴィンテージが、手に届く値段で売られているかわいいブティック。バッグやシューズ、アクセサリーなどもあって、どれも新品同様だ。

47, rue de Lancry, 10°／地下鉄 Jacques-Bonsergent
06 72 28 91 14　chezchiffons.fr
日・月曜定休

とっておきのパリ

ショッピングをする
インテリア

キッチュなバザール
ポップ・マーケット Pop Market

　50年代のアメリカン・カルチャーのファンだというマリオンとセリーヌがオープンした雑貨店。鮮やかなピンク色のファサードを持つ、キッチュで楽しいマーケットだ。暗い色のものやくすんだものがひとつもないイルミネーションのような店内に、「Trinity Knot」のリバーシブルプリントのバッグや、「Stickaz」のカラフルなウォールステッカー、エルヴィスの全アルバムがならんでいる。気分はビー・バップ・ア・ルーラ！（50年代アメリカのロックンロール）

外観が鮮やかなピンク色の、このかわいいショップを見過ごすことはない。「Trinity Knot」のバッグやカラフルなウォールステッカー、エルヴィスのアルバムなど、キッチュなアイテムがにぎやかにならんでいる。どれもこれも50年代テイストのものばかりだ。

50, rue Bichat, 10^e/地下鉄 Gare-de-l'Est
09 52 79 96 86
popmarket.fr
年中無休

フォーブール・サン・ドニ＊サン・マルタン運河

最高にスタイリッシュなオーディオ
レトロフテュール　Retrofutur

　デザインと品質をかねそなえたお手頃価格が「レトロフテュール」のモットー。サウンドにうるさい音楽仲間たちが開いたハイテクのコンセプトショップ。高性能でスタイリッシュなオーディオ製品を提供している。でもそれだけではない。自分のお気に入りの曲を店内の機器で視聴することもできる。つまり自分の耳で確かめられるのだ。60年の歴史をもつフランスの老舗ブランド「Elipson」製のレトロなスピーカー、「La Boîte (ラ・ボワット・コンセプト) Concept」の音響つきデザイン家具、さらには「Cambridge」や「Braven」といったイギリス製オーディオまでそろえている。おすすめはヘッドホン売り場。流行のカラーや材質のものがバラエティ豊かにならび、ヴィンテージのイヤホンまである。

© RETROFUTUR

音楽仲間たちが開いたハイテクのコンセプトショップ。最先端の音楽機器が手頃な価格で買えて、視聴も可能。ヴィンテージスタイル・ヘッドホンのコーナーにもぜひ行ってみて。スタイリッシュな色や材質のヘッドホンがそろっている。

55, quai de Valmy, 10ᵉ／地下鉄 République　01 48 87 88 04
retrofutur.fr
年中無休

じょうろはいらない！
アトリエ・グリーン・ファクトリー　Atelier Green Factory

　ついつい植物を枯らしてしまうあなたにおすすめのショップ。サン・マルタン運河沿のアトリエ兼ショップは、小さな観葉植物をボトルに入れてあって、しかもお手入れは無用。日光があれば生きられるので、年に2回水やりするだけで美観をたもてる。まるで魔術師のようなノームによって、繊細でたくましい「生きた植物」によるミニチュアの景観が再現され、宝飾品のようにガラス瓶の中におさめられている。

もしあなたが園芸が得意でないなら、グリーン・ファクトリーにかけこもう。サン・マルタン運河沿いにあるこのアトリエ兼ショップでは、店主のノームが、年に2回水やりするだけであとは手入れ不要の「生きた植物」を栽培している。

17, rue Lucien-Sampaix, 10ᵉ／地下鉄 Jacques-Bonsergent／01 74 64 56 15
greenfactory.fr
月・火曜定休

109

とっておきのパリ

ひと休みする
グルメ

ブランチ天国
パンケーキ・シスターズ　Pancake Sisters

　カリーヌとソニアが開いたパンケーキ専門店は、モダンなオーガニックのサロン・ド・テだ。ポップでカラフルな店内で、ホイップクリームやフルーツ、メープルシロップ、ノッチョラータ（ヘーゼルナッツとチョコレートのペースト）でアレンジした各種パンケーキが味わえる。塩味が好きなら、おすすめはパンステール。2枚の大きなふわふわパンケーキに、シブレット・クリームとサーモンとフレッシュなシェーヴルチーズがはさまれている。どのパンケーキも、オプションで、グルテンフリーやラクトースフリーにできる。まるでニューヨークにいる気分だ。

カリーヌとソニアのモダンなオーガニックのサロン・ド・テ。ホイップクリーム、フルーツ、メープルシロップ、ノッチョラータなどをトッピングした各種パンケーキが味わえる。グルテンフリーやラクトースフリーもオプションで。ニューヨークみたいだ。

3, rue Lucien-Sampaix, 10ᵉ/地下鉄 Jacques-Bonsergent
09 83 33 30 23
pancakesisters.com
月・火曜定休

フォーブール・サン・ドニ＊サン・マルタン運河

行動するためのテラス
メムス　Mems

　夏も冬も、メムスの日当たりのいいテラスはいつも人であふれている。鮮やかな色の壁紙と対照的なビストロ風のテーブルや椅子に、アールデコの調度品が映える室内も同様だ。料理はシンプルながら上質で、ワインもよくセレクトされている。マルセイユ通りでバーゲンセールをはしごしたあとや、だいじな打ち合わせの前の小休止にぴったりの場所だ。

広くて日当たりのいいテラスも、鮮やかな色調の室内も、いつも混み合っているこのレストランでは、伝統的なフレンチ料理が味わえる。マルセイユ通りにあるデザイナーズブランドのセールの前にひと休みするのにぴったり。

1, rue de Marseille, 10^e /地下鉄 Jacques-Bonsergent
01 42 06 32 31
Facebook : Mems
年中無休

こだわりの味
ザ・サンケン・チップ
The Sunken Chip

　イギリス人が大好きなフィッシュ＆チップスをおしゃれに変身させたサン・マルタン運河でいちばんのこだわりの店。マイケル・グリーンウッドとジェームス・ウェランが、毎朝ブルターニュから直送されてくる新鮮そのものの魚で調理してくれる。アンコウ類の白身魚やイカの、おいしいフライにかぶりつこう。ミント風味のグリーンピースのピュレ、そしてもちろんポテトフライを添えて。

マイケル・グリーンウッドとジェームス・ウェランが営む、サン・マルタン運河でいちばんモノマニアックな店。毎朝ブルターニュから直送されてくる新鮮な魚を使ったすばらしいフィッシュ＆チップスが食べられる。

39, rue des Vinaigriers, 10^e /地下鉄 Jacques-Bonsergent
01 53 26 74 46
thesunkenchip.com
月曜定休

111

ナンとお酒
バラナン　Baranaan

　独特の世界があるウェス・アンダーソン監督の映画、『ダージリン急行』の雰囲気や舞台背景が好きで、チーズナンとカクテルが好きという人にとって、ここはパラダイスだ。一見すると、青灰色のチャイ・ラテしか出てこない、インド映画風のコーヒーショップのようだ。ところが店の奥には、サイケデリックなバーが隠れている。内装はといえば、ボンベイとカルカッタをむすぶ急行列車のようだ。時代を先取りした雰囲気の中で、「バラト・トニック」(スパイスの効いたジン)を、シェーヴルチーズと蜂蜜のソース、サツマイモソースなどをそえたナンや、香辛料のきいた串焼きといっしょに味わえる。ここにエイドリアン・ブロディがいないのが残念だ。

チーズナンとカクテルが好きなら、このインド映画のようなコーヒーショップに行こう。店の奥に隠れたバーは、ボンベイとカルカッタをむすぶ急行列車の雰囲気。スパイシーなバラト・ジントニックやおいしい軽食を味わおう。

7, rue du Faubourg-Saint-Martin, 10ᵉ/地下鉄 Strasbourg-Saint-Denis
01 40 38 97 57
baranaan.com
日曜定休

フォーブール・サン・ドニ＊サン・マルタン運河

大通りのカフェバーはライバル同士

昔はあまり知られていなかったフォーブール・サン・ドニ通りだが、今は個性の大きく異なる3つのカフェバーが、「人気の居場所（place to be）」のタイトルを競いあっている。

高級感のあるレトロなインテリアの**シェ・ジャネット**は、アペロ（食前酒）の概念を変えた。19時になると、このあたりに住む人たちはみな、お気にいりのバーテンダーのウィルが作るカクテル「カイピリーニャ」や、ビールで乾杯するためにカウンターに集まってくる。1900年代のクラシックな装飾がある天井の下で、時代遅れのスピーカーがポップス調ロックを聞き取りにくい音で鳴らし、広告マンやファッション関係者やディレクターといった人たちが、楽しげにおしゃべりしたり、ナンパしたりしている。

その真向かいにあるのが**ル・モリ・セット**。気どり屋のシェ・ジャネットの客ほど派手ではないけれど、集まっているのはやはりトレンディな人たちだ。こちらのカフェは70年代の内装で、とりたてて魅力的というわけでもない。サービスはルーズでしかも無愛想。ジーンズでいえばA.P.C（アーペーセー）といったところだろうか。ル・モリ・セットの客たちはお向かいの気どり屋たちのことをあわれに思っている。そして、そのあいだに、最も享楽的なタイプの人たちが、**ラ・カンカユリ**の深いソファにゆっくりと腰をおろす。品のいい店員がそっとカクテルを置く。3つの場所、3つの雰囲気、3つのパリがここにある。

フォーブール・サン・ドニ通りにある3つのカフェは、楽しく過ごしたりおいしいものを食べたりする、目下の最新流行スポットだ。それぞれに独自の雰囲気やスタイルがある。

シェ・ジャネット　Chez Jeannette
47, rue du Faubourg-Saint-Denis, 10ᵉ/
地下鉄 Château-d'Eau
01 47 70 30 89

ル・モリ・セット　Le Mauri7
46, rue du Faubourg-Saint-Denis, 10ᵉ/
地下鉄 Château-d'Eau
01 44 79 06 42

ラ・カンカユリ　La Quincaillerie
76, rue du Faubourg-Saint-Denis, 10ᵉ/
地下鉄 Château-d'Eau
09 82 43 29 40

113

とっておきのパリ

ショッピングをする
グルメ

独創的なパン
デュ・パン・エ・デジデ　Du Pain et des Idées

　パリで最もおいしいとされるブーランジュリーのひとつ。1900年代の内装が美しいこの店のパンは、昔と同じように石板の上で焼かれる。しっかりと焼くから皮は厚く"パリパリ"になる。オーナーのクリストフ・ヴァスールは、ふつうのバゲットを焼くだけでは満足しない。クローブの香りがする大きな丸パンを美しくカットした「パン・デ・ザミ」、金曜日だけ作るパンなどのほか、リヨン産プラリーヌのショソン・エスカルゴ（渦巻型のパイ）、バラ水のクロワッサン、えもいわれぬ味わいの小さな塩味のパンなどがある。そんなパンを、運河沿いに歩きながら15秒でぱくっと食べてしまうなんてもったいない。

パリの名店のひとつにあげられる、1900年代の内装が美しいパン屋さん。オーナーのクリストフ・ヴァスールはありふれたパンを作るだけでは満足しない。焼き立てのおいしいパンがずらりとならんでいる。

34, rue Yves-Toudic, 10°/地下鉄 Jacques-Bonsergent
01 42 40 44 52
dupainetdesidees.com
日曜定休

インドの縮図
ヴラン　Velan

　刺激がたりなくてインドが恋しくなったら、パッサージュ・ブラディに行こう。インドレストランもあるし、インド風ビューティサロンもあるけれど、なんといってもあの有名なインド食材店ヴランがあるのだから。インド映画の音楽が流れ、カレーの匂いがただよう店内の棚には、インセンスやエキゾティックな果物やチャッツネ、自家製チャイに使うマサラティー、ラッシー（ヨーグルトベースの飲物）用のローズシロップ、チョコレート風味のヨギティーなどがぎっしりとならんでいる。まさにパリの中心地にあるインドの縮図だ。

にぎやかなパッサージュ・ブラディにある有名なインド食材店。スパイスやインセンス、紅茶といったエキゾティックな品々で埋めつくされた店にいると、まるでニューデリーでショッピングをしているような気分になる。

83-87, passage Brady, 10ᵉ/地下鉄 Château-d'Eau
01 42 46 06 06
e-velan.com
日曜定休

アンシャンレジーム
ジュレス　Julhès

　この界隈の「ルノートル」ともいえるような高級食材店。伝統的な優雅さにつつまれた店内に、チーズ、シャルキュトリ、ワインがずらりとならび、まさにパラダイスだ。目利きたちがすすめてくれる逸品を家に帰って楽しもうと、みんな買い物かごにどんどん品物を入れていく。ブッラータ、黒トリュフのカルパッチョ、アラン・ミリアの桃やアプリコットやブルーベリーのネクター、"la véritable gaufre amusante"と書いてあるプラリネ風味のゴーフル（小さなゴーフルの1枚1枚におもしろいメッセージが書かれている）の箱、たくさんの種類のオイル、ラヴィオリや生パスタ、最高級のワイン、それから日本のウイスキー「響」もある！

伝統的な内装の高級食材店。チーズをはじめ、生パスタや高級ワイン、パン、アラン・ミリアのネクターなどがすべてそろっているから、買い物かごをいっぱいにして帰ろう。

54, rue du Faubourg-Saint-Denis, 10ᵉ/地下鉄 Château-d'Eau
01 44 83 96 30
julhesparis.com
年中無休

とっておきのパリ

発見する
カルチャー

最先端のテラス
ル・ポワン・エフェメール　Le Point Éphémère

　建材店の倉庫だった場所が、ライブハウスやギャラリー、スタジオやヴィジュアルアートのアトリエなどがある、"活気ある芸術"のセンター、「ポワン・エフェメール」になった。サン・マルタン運河沿いの、のどかな雰囲気につつまれたアーティスト・イン・レジデンスだ。新感覚の演奏を聞いたり、ナイトクラブのパーティーでダンスをしたりすることもできる。テラスでワインを飲んで、音楽に耳を傾けて、とにかく楽しめる。

倉庫だった場所が、今はライブハウスやギャラリー、ヴィジュアルアートのアトリエに変わった。レストランもある。

200, quai de Valmy, 10ᵉ/地下鉄 Louis-Blanc
01 40 34 04 06
pointephemere.org
年中無休

フォーブール・サン・ドニ＊サン・マルタン運河

ボンベイにいる気分
インド街の散策　Promenade dans le quartier indien

　パリにいながらにしてインドの暮らしを味わいたいなら、パッサージュ・ブラディをひとまわりするか、あるいは北駅から地下鉄ラ・シャペル駅にかけてのフォーブール・サン・ドニ通りを歩いてみるといい。いつ行ってもすごい人ごみで、ニューデリーにいるような雰囲気だ。色とりどりのサリーを売る店もあれば、"ボリウッド"（インド映画のこと）のDVDショップもあって、目うつりしてしまう。金ぴかのアクセサリーが好きな人にうってつけのアクセサリーショップもあるし、ゾウの姿をしたガネーシャの像や、髪を染めるヘナ、額につけるビンディなどを売っているバザールもたくさんある。エキゾティックな食料品店や、カレーやサモサのレストランも山ほどあるから、インド料理が大好きという人にはたまらない。

インドに行きたくてもなかなか行けないという人は、パッサージュ・ブラディをぶらりと歩いてみよう。サリーショップ、美容院、スパイス店、小さなレストラン、アクセサリーショップなどが軒をつらねていて、まるでインド映画の世界に入りこんだような気分だ。

le 165 〜 le 230 de la rue du Faubourg-Saint-Denis, 10^e/地下鉄 Gare-du-Nord

ある街角のパリジェンヌ

ボワイエ通り
サン・モール通り
オベルカンフ通り
ジャン・ピエール・タンボー通り
ベルヴィル通り
メニルモンタン通り
パルマンティエ大通り
ヌーヴ・ポパンクール通り

オベルカンフ

ベルヴィル

メニルモンタン

中華料理やクスクスのレストランと、アーティストたちのアトリエがあるベルヴィル、かつては職人の街だったメニルモンタン、かつては工場街で、今はブロカント（古道具店）街として知られるオベルカンフ。反逆精神から、気どらないモダニズムまで、この地区はほかにはないさまざまな顔をもっている。

Do it in Parisのアプリやdoitinparis.comのサイトには、さらに多くのとっておきスポットが常時掲載されている。

とっておきのパリ

ショッピングをする
モード・美容

手芸バー
ブラン・ド・クゼット
Brin de Cousette

　超人的な忍耐力をもったふたりのお針子、クレールとベランジェールの裁縫教室もあって、理想のスカートをつくりたいと夢みる女の子たちにノウハウを伝授してくれる。それぞれのレベルに合わせ、スカーフ、トラペーズ（台形）スカート、ジャージーのブラウスなどを作ることができて、材料費はタダ。サロンで友人たちとお茶をしてから、手芸品コーナーでリボンや生地やボタンを買い込み、お気に入りのワードローブを「シックにする」という手もある。

裁縫教室では、クレールとベランジェールの忍耐強いまなざしにささえられながら、自分の服を縫うことができる。友人たちとお茶をしてから装飾用の小物を買って、お気に入りのアイテムをカスタマイズすることもできる。

2, rue Richard-Lenoir, 11e/地下鉄 Charonne
01 43 72 58 09
brindecousette.com
日・月曜定休

貴重なアクセサリー
イヴ・グラタ　Yves Gratas

　金・銀や宝石を、独創的なアイディアと才能で加工するなみはずれた宝石デザイナー、イヴ・グラタの店。めずらしい色や大きさの石をさかさまに使ったユニークなアクセサリーは、独創的でありながらとてもシック。女性を飾る永遠不朽のアクセサリー、ブレスレットやネックレス、指輪やイヤリングなどがそろっている。秘密にしておきたいとっておきのアドレスだ。

金銀やさかさまにはめ込まれた宝石などを加工する、才能ある宝石デザイナーのショップ。ユニークなデザインのアクセサリーには、永遠不朽の価値がある。

9, rue Oberkampf, 11^e/ 地下鉄 Oberkampf
01 49 29 00 53
yvesgratas.com
日曜定休、月曜は予約制

フチぜいたく
バイ・ミュタシオン　By Mutation

　エレガントな若い女性の心をわしづかみにする美しいラインの服を提供する革新的ブランドのショップ。オートクチュールの贅沢な生地（レースやボタンも）で、長持ちするアイテムを作るというのが、このショップのコンセプト。ナンバリングした数量限定品を、すべてフランス国内で作っている。流行に左右されないすっきりとシンプルなスタイルが貫かれている。シルクブラウスや、1920年代風のミニドレスや、きちんと仕立てられたパンツなどを手に入れたいと思っている、いしゃれな女性たちに大歓迎されそう。まさにクリエイティブなアイテム。

オートクチュールの布地と、高級なボタンやレースを使ったアイテムがならぶエレガントなブティック。ナンバリングされた数量限定品は、まさにブランドものだ。

30, rue Étienne-Dolet, 20e/地下鉄 Ménilmontant
01 43 49 23 52
bymutationleshop.tumblr.com
日・月曜定休

とっておきのパリ

ショッピングをする
インテリア

インダストリアルでも手が届く
カルーシュ　Carouche

　女性オーナーが気に入った家具を買いつけてリフォームするリサイクル家具店。常連客はもちろんそれをよく知っていて、この掘り出し物を高く評価している。たいていは1940年代から1960年代に職人が作った家具で、どれもオーナーのオリジナルな感覚でリフォームされている。彼女がセレクトしたランプや雑貨類も置かれている。ただし、買いつけや配送で店を閉めることもあるので、出かける前に電話で問い合わせておくようおすすめする。

才能あるオーナーがカスタマイズした、40年代の家具やめずらしいランプなどが買えるリサイクルショップ。ただし営業しているかどうか電話で確かめてから出かけよう。

18, rue Jean-Macé, 11e/地下鉄 Charonne
01 43 73 53 03
carouche.typepad.com
日・月曜定休

オベルカンフ＊ベルヴィル＊メニルモンタン

グルメなイタリアンハウス
ボルゴ・デッレ・トヴァーリ　Borgo Delle Tovaglie

　ボローニャで大人気の家庭用雑貨のブランドが、オベルカンフのゴム製造工場あとにショップをオープンさせた。まるでふつうの家のようなショップを、部屋から部屋へ、インテリアをすてきにするモノをもとめて歩きまわる。上質のテーブルクロス、スタイリッシュな食器や調理用具、アートな照明器具、フリルのついたナイトガウンなどなど。ミラノのおしゃれなマンマたちがつかうパスタや缶詰も買える。最後のしあげに、とろとろに煮込んだ「ボロネーゼ」をダイニングルームで味わおう。

ボローニャで大人気の家庭用雑貨ブランドのショップ。部屋から部屋へと歩きまわって、リネンやキッチン用品や雑貨をみつけよう。食材を買うこともできるし、ダイニングルームでおいしいパスタも味わえる。

4, rue du Grand-Prieuré, 11e/地下鉄 Oberkampf
09 82 33 64 81
borgodelletovaglie.com
日曜定休

部屋に禅の雰囲気をくわえる
イクバ　IKBA

　みずみずしい新芽のようなインテリアを望むなら、日本の生け花からインスピレーションをえたこの美しいフラワーショップがおすすめ。植物を愛する人たちを魅了する庭園のように、緑豊かで草花の香りに満ちている。フラワーポットや切り花や色とりどりのアレンジメントなどの中から、アパルトマンでもおだやかで落ち着いた"田園ぐらし"ができそうなものを見つけることができる。ガーデニングに不慣れな人でも手入れが簡単なものばかりだ。たくさんある植物の中からどれを選ぶか迷ったら、親切な店主のセヴリーヌに相談しよう。

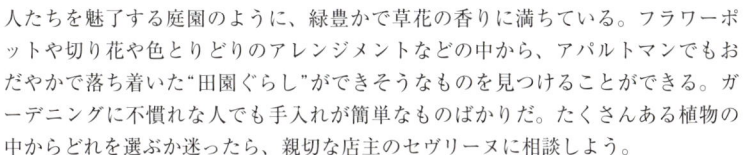

日本の生け花からインスピレーションを得たフラワーショップ。あなたの部屋に落ちついた禅の雰囲気をもたらしてくれる。ガーデニングに不慣れでもだいじょうぶ。親切なセヴリーヌが、たくさんの植物の中から選ぶのを手伝ってくれる。

151, boulevard Voltaire, 11e/地下鉄 Charonne
01 70 69 91 84
ikba.fr
水曜定休

とっておきのパリ

ひと休みする
グルメ

屋上の社交場
ル・ペルショワール　Le Perchoir

　まちがいなくパリをひとりじめできるから、だれもがのぼりたくなるルーフトップのバー。屋上からの眺望がすばらしいのはもちろんだけれど、カクテルのおいしさとBGMの選曲のよさも人気の理由だ。確実にここにたどりつくための秘策は、ひとつ下の階にあるロフト風のレストランを予約することだ。シェフのブノワ・デュマが、腕によりをかけたおいしい料理を作ってくれる。

この屋上のバーは、パリのすばらしい眺望が楽しめるだけでなく、とびきりのカクテルやすてきな音楽も楽しめる。ここに行くための秘策は、ひとつ下の階にあるレストランを予約することだ。シェフのブノワ・デュマのおいしい料理が食べられる。

14, rue Crespin-du-Gast, 11ᵉ/
地下鉄 Ménilmontant
01 48 06 18 48
leperchoir.fr
日曜定休

オベルカンフ＊ベルヴィル＊メニルモンタン

新感覚のバーガー、ミートボール
ボールズ　Balls

　ロンドン、ニューヨークに続いて、パリが"ミートボールブーム"にわいている。その火つけ役がこの小さなレストランだ。メニューは、牛肉と玉ねぎとパセリ、豚肉とフェンネルとパプリカ、若鶏とレモンとエストラゴン、といった組み合わせのミートボール。ナスとヒヨコ豆のベジタリアンボールもある。これはトマトかヨーグルトのソースで食べる。サイドメニューは、レンズ豆とフェタチーズとズッキーニのサラダ、サツマイモのピュレ、きのこのリゾットなどから好みに応じて選ぶ。急いでいるなら、お店のカウンターで食べるか、好きなミートボールのバゲットサンドをテイクアウトしよう。

ミートボールブームはこのおしゃれな店から始まった。ミートボールだけでなく、ベジタブルボールもあり、サイドメニューも充実している。急いでいるときはカウンターで食べるか、好みのミートボールのバゲットサンドをテイクアウトすることもできる。

47, rue Saint-Maur, 11ᵉ/
地下鉄 Rue-Saint-Maur
09 51 38 74 89
ballsrestaurant.com
日・月曜定休

とっておきのパリ

テーブルで日光浴
レ・ニソワ　Les Nçois

すてきなニース出身の仲間たちが、日光とピサラディエール（ニース風ピザ）の欠乏を満たすために開いたレストラン。タプナード（オリーブを使ったペースト）、パン・バニャ（ニース風サンドウィッチ）、ソッカ（ヒヨコ豆のクレープ）やラタトゥイユ（ニースの野菜料理）を、オーナーたちのアート仲間や音楽仲間といっしょに味わおう。しめくくりに、地階でペタンクに参加してみては？

ニース出身の仲間たちが、日光とピサラディエールの欠乏を満たそうと開いたレストラン。アーティスティックな仲間たちに囲まれて、南フランスのレシピを味わったら、地階でペタンクのゲームに参加しよう。

7, rue Lacharrière, 11e/
地下鉄 Saint-Ambroise
09 84 16 55 03
lesnicois.com
月曜のランチは休み

アジア料理のベスト

ベルヴィルにはおいしいアジア料理のレストランがたくさんある。ボブンや春巻きが食べたくなったら、**ラオ・シアム**に行こう。大評判の（行列にならぶ覚悟で行くか、予約すること）ラオス・タイ料理のレストランだ。本格タイ料理のクルン・テップも忘れてはいけない。見ばえはぱっとしなくて、サービスもあまり良くないが、料理はほんとうにおいしい。

ベルヴィルの丘周辺には、訪れてみるべきアジアンレストランがたくさんある。

ラオ・シアム　Lao Siam
49, rue de Belleville, 19^e/地下鉄 Belleville
01 40 40 09 68
年中無休
クルン・テップ　Krung Thep
93, rue Julien-Lacroix, 20^e/地下鉄 Belleville
01 43 66 83 74
日・月曜定休

オベルカンフ＊ベルヴィル＊メニルモンタン

ショッピングをする
グルメ

新機軸の美食ショップ
ジャンヌ・アー　　Jeanne A

　すぐ近くにあるビストロ「アスティエ」が開いた高級食材店。とりあつかっているのは、「アンヌ＝ソフィ・ピック」のスパイス、「テール・エグゾティック」の缶詰、「ベルティエ」のコンフィチュール、「セドリック・カサノヴァ」のオリーブオイルなどの高級食材や、アルマニャックのような特産品、テリーヌなどだ。ロースト料理を専門に出す定食用テーブルもあるので、ランチやディナーの時間には本格的な料理が味わえる。ビゴール豚、若鶏のローストとグラタン・ドフィノワ、生ハム、カマンベール・オ・レ・クリュ（無殺菌乳のカマンベールチーズ）、自家製デザートといったぐあいだ。

老舗ビストロ「アスティエ」がオープンした、高級食材や特産品を扱うトレンディな食材店。小さなテーブルで本格的なランチやディナーを楽しむこともできる。

42, rue Jean-Pierre-Timbaud, 11e/地下鉄 Parmentier
01 43 55 09 49
年中無休

赤ワインが大好き！
ラ・カーヴ・デュ・ダロン
La Cave du Daron

　おいしいワインに目がないなら、女の子どうしの軽い食事や、おしゃれなディナーや、ぜいたくなアペリティフにぴったりのワインが見つかるこの店がきっと気に入るはずだ。フランス各地の小規模ブドウ栽培者が生産したさまざまな価格のワインがそろっているのが素晴らしい。スタイリッシュなスペースで、ブドウ産地のシャルキュトリやチーズが味わえる（もちろんワインも）。要するに、もっとたくさんあったらいいなと思う、カーヴつきのワインバーだ。

11区のトレンディなスポットにある、ワイン好きの女の子たちの人気を集めそうなワインショップ。おしゃれなスペースで、シャルキュトリやチーズを味わうこともできる。

140, avenue Parmentier, 11ᵉ/地下鉄 Goncourt
01 48 06 21 84
lacavedudaron.com
年中無休

絶品ブランチ
リベルテ・メニルモンタン　Liberté Ménilmontant

　パン・デュ・コワンとタルト・ア・ラ・クレームの草分け的存在であるブノワ・カステルについては、いまさら紹介するまでもない。メニルモンタンにあるパン工房兼ブーランジュリーでは、彼のアイディアで、薪窯のまわりにテーブルがならんでいる。ブランチは、おいしいサラダ、しぼりたての果物や野菜のジュース、ピザ、各種パン、温かい料理、キッシュ、チーズ、ヴィエノワズリ、ケーキなどボリュームたっぷりなのが印象的だ。食べ放題だからって、食べすぎないように。それから、カラメル風味のパン・デュ・コワンや、「ボボ」・オ・ラムは毎日味わえる。

ブノワ・カステルのパン工房兼ブーランジュリーでは、薪窯のまわりにテーブルがならべられている。おいしいサラダ、フレッシュなフルーツジュース、ピザ、キッシュ、チーズ、ヴィエノワズリなどがならぶブランチは、ボリュームたっぷりで印象的。

150, rue de Ménilmontant, 20ᵉ/地下鉄 Saint-Fargeau
01 46 36 13 82
libertepatisserieboulangerie.com
月曜定休
姉妹店
リベルテ・ヴィネグリエ　Liberté Vinaigriers
39, rue des Vinaigriers, 10ᵉ/地下鉄 Jacques-Bonsergent
01 42 05 51 76
日曜定休

オベルカンフ＊ベルヴィル＊メニルモンタン

発見する
カルチャー

芸術ホール
パヴィヨン・カレ・ド・ボードゥアン　Pavillon Carré de Baudouin

　20区はアーティストたちのお気に入りのエリアなのに、大規模な展覧会を開けるような場所がないのが悩みの種だった。でもパヴィヨン・カレ・ド・ボードゥアンができたおかげでその悩みも解消した。18世紀に郊外の別邸として使われていたこの建物が改装されて、展覧会や会議に使えるようになったのだ。歴代の所有者にはゴンクール家も名をつらねていて、作家として有名なゴンクール兄弟が、ここで幼少期の一時期を過ごしたこともあった。パラディオ様式の堂々たるファサードが、メニルモンタンの高台にある庭園の中にそびえ立っている。だれもが芸術に親しめるようにと、入場は無料となっている。

メニルモンタンの高台にある庭に囲まれた、パラディオ様式のファサードをもつ18世紀の建物。改装されて、展覧会や会議に使われている。入場は無料。

121, rue de Ménilmontant, 20ᵉ/地下鉄 Ménilmontant
01 58 53 55 40
carredebaudouin.fr
日・月曜定休　入館無料

とっておきのパリ

つい足が向いてしまう
ル・ヌーヴォ・カジノ
Le Nouveau Casino

　クラブであると同時に音響設備の整ったライブハウスでもある「ヌーヴォ・カジノ」は、オベルカンフ通りになくてはならない場所だ。老舗の「カフェ・シャルボン」に隣接するこのクラブは、数多くの新人アーティストたちを迎え入れてきた。ヴァンパイア・ウィークエンド、リカルド・ヴァラロボス、アーカイヴ、ザ・ラプチャーなどが、かつてこのステージに立って観客を熱狂させていたものだ。ルービン・シュタイナー、パティ・スミス、ギンズといったロックやエレクトロの大物たちの演奏が行なわれることもある。観客との一体感がアーティストたちからも高く評価されている。

オベルカンフのホットスポット「ヌーヴォ・カジノ」は、クラブであると同時にライブハウスでもある。多くの新人アーティストたちが、一体感の感じられるこのホールで演奏を行なってきた。

109, rue Oberkampf, 11^e/地下鉄 Parmentier
01 43 57 57 40
nouveaucasino.fr
年中無休、金曜と土曜の19時からはライブコンサート

オベルカンフ＊ベルヴィル＊メニルモンタン

文化とダンスパーティ
ラ・ベルヴィロワーズ　La Bellevilloise

　1877年に創立されたパリ最初の協同組合「ラ・ベルヴィロワーズ」は、今も力強く文化の促進につとめている。その目的にふさわしく、ここでは展覧会やコンサート（それに会議）が開かれている。でも日曜の夜18時から深夜までは、ダンスパーティの会場となる。タンゴ、クレオール、エレクトロスウィング、ブラジルなど、ダンスのジャンルは、プログラムごとに入れ替わる。

踊りたいと思ったら、かつての協同組合で開かれるダンスパーティに行こう。プログラムごとに、タンゴやクレオールやスウィングの曲に合わせて踊れる。

19-21, rue Boyer, 20ᵉ/地下鉄 Ménilmontant
01 46 36 07 07
labellevilloise.com

ある街角のパリジェンヌ

シャロンヌ通り
ケラー通り
トゥルソー通り
フォーブール・サン・タントワーヌ通り
アリーグル通り
ポール・ベール通り
ラ・ロケット通り
スデーヌ通り

バスティーユ
アリーグル

　バスティーユといえば映画館、それに若者たちが集まる新感覚のバーや洗練された大人のバー、花で飾られたパッサージュ、デザイナーブランドのブティック、有名なレストラン。そしてマルシェ・アリーグルといえば新鮮な食材を使ったおいしい料理。だからパリでここにしかないものを見つけに、シャロンヌ通りやポール・ベール通りに出かけよう。

Do it in Parisのアプリやdoitinparis.comのサイトには、さらに多くのとっておきスポットが常時掲載されている。

とっておきのパリ

ショッピングをする
モード・美容

オーガニックビューティ
ラ・メゾン・ドクターハウシュカ
La Maison Dr Hauschka

　花が咲き乱れる中庭の奥に、ほかとはちょっと違うビューティサロンがある。建物の内装はすべて"エコデザイン"。木や石、水や植物を大切にしたナチュラルで清潔な空間だ。周囲のざわめきから遠く離れた、まさに安らぎのサロン。ラ・メゾン・ドクターハウシュカでは、最先端のフェイスケアやボディケアが受けられる。おすすめはドクターハウシュカのボディケア。ナチュラルオイルでマッサージしてもらうとほんとうにリラックスできて、幸せな気分になれる。

　　自分を甘やかしてあげたいときは、このすてきな中庭をとおって、ラ・メゾン・ドクターハウシュカのナチュラルな空間につつまれよう。最先端のビューティトリートメントが受けられる。

　39, rue de Charonne, 11ᵉ/
　地下鉄 Ledru-Rollin
　01 43 55 40 55
　lamaisondrhauschka.fr
　日曜定休

134

バスティーユ＊アリーグル

世界をめぐる
フレンチ・トロッターズ
French Trotters

　旅行もファッションも大好きというふたりのカメラマン、キャロルとローランが開いたセレクトショップ。自分たちのブランドだけでなく、アクネ、ティラ・マーチ、ジェローム・ドレイフュスといったはやりのブランドや、フィリッパ・コー（Filippa K）、バレード（Byredo）といったまだメジャーではないブランドもとりあつかっている。コンセプトは、世界の都市の、それぞれの季節感をたいせつにすること。そのために、世界中のデザイナーやアーティストの作品を独自にセレクトしている。2階にはギャラリー、1階にはブティック。フレンチ・トロッターズにはつねに新しい発見がある。

ふたりのカメラマンが開いたセレクトショップ。コンセプトは、都市ごとの、それぞれの季節にスポットライトをあてること。そのために世界中のデザイナーやアーティストの作品を独自にチョイスしている。

30, rue de Charonne, 11ᵉ/地下鉄 Bastille
01 47 00 84 35　frenchtrotters.fr　日曜定休
姉妹店
128, rue Vieille-du-Temple, 3ᵉ/地下鉄 Filles-du-Calvaire
01 44 61 00 14　年中無休

たしかな価値がある
アンヌ・ウィリ　Anne Willi

　アンヌ・ウィリが、ケレール通りにいち早く、アトリエ兼ブティックをオープンしたのは1998年のことだ。フランス屈指のファッション専門学校「エスモード」出身で、派手さよりもシンプルを好むアンヌは、ブティックの壁にはネズミ色、床にはココヤシ色を選んだ。落ち着いた雰囲気で、いごこちがよくて、まるで友だちの家にいるような気分になれる。フェミニンでひかえめで、流行に左右されないファッションは、どんな体型の人にもフィットする。ドレスはおとなしめで、コートはきちんとしたシルエットTシャツは繊細でくすんだ色調だ。男性用の生地を好んで使うけれど、ほかにはないプリントがほどこされた色ものも大好きだ。

「エスモード」出身の先駆者アンヌ・ウィリは、1998年、ケレール通りにアトリエ兼ブティックをオープンした。グレーの壁にヤシ色の床のブティックには、コートやTシャツやドレスなど、どんな体型の人にもフィットするフェミニンなファッションがよく映える。

13, rue Keller, 11ᵉ/地下鉄 Ledru-Rollin
01 48 06 74 06
annewilli.com　日曜および月曜午前中は休み

とっておきのパリ

ショッピングをする
インテリア

めんどりがトレードマーク
ラ・ココット・パリ　La Cocotte Paris

　ラ・ココットにあるのは、キッチン用にデザインされたさまざまなアイテムだ。おしゃれなエプロン、愉快なオーブンミトン、メッセージ入りのティータオル、ヒヨコがプリントされたマグカップ、それにショッピングバッグなどがそろっている。シックなフランスのブランドが、テーブルセッティングやクロス類に創造性を発揮して、キッチンにキャラクターを生み出した。遊び心のある食品コーナーには、グルメたちのために、料理にかんする本や、お菓子作りのキットもならんでいる。めんどりのお店にさあ行こう！

ラ・ココットのすてきなエプロンやマグカップ、ティータオルでキッチンをおしゃれにしよう。料理の本やケーキ作りの簡単キットもある。

5, rue Paul-Bert, 11ᵉ/地下鉄 Faidherbe-Chaligny
01 43 73 04 02
lacocotteparis.com
日・月曜定休

バスティーユ＊アリーグル

グラフィック・マニア
アーツ・ファクトリー
Arts Factory

　デッサンやイラストや漫画など、グラフィックアート専門のギャラリー。手がとどくアートをおもにあつかっている。大枚をはたかなくても、こんにちのアートシーンのさまざまな流れを代表する、有名アーティストや新進アーティストの作品を買うことができる。さらに好奇心を満たしたいなら、ギャラリーの4階で定期的に開催される作品展や、ブックショップをのぞいてみよう。

デッサンやイラストや漫画など、グラフィックアート専門のこのギャラリーは、手のとどくアートをあつかっている。有名アーティストや新進アーティストの作品を買うこともできるし、4階でひらかれる作品展やブックショップをのぞいてみることもできる。

27, rue de Charonne, 11^e/地下鉄 Ledru-Rollin
06 22 85 35 86
artsfactory.net
日曜定休

エスニックでシック
カラヴァーヌ　Caravane

　旅へと誘うふたつのショップ（ひとつはテーブルウエア、もうひとつは布地）。世界をまたにかけるフランソワーズ・ドルジェが取り扱うのは、ベルベルのカーペット、モロッコの陶製食器、インドリネンの布団カバーやシーツ、白木の家具、陶磁器。どれも気どりのないハイセンスな家にぴったりのものばかりだ。手仕事と現代アートとエスニックが混然一体となっている。

世界をまたにかけるフランソワーズ・ドルジェが、住まいのための掘り出し物を提供するショップ。ベルベルのカーペット、モロッコのテーブルウエア、インドのリネンなどといったエスニックとコンテンポラリーなものが完璧に調和している。

エンポリウム　Emporium : 22, rue Saint-Nicolas, 12^e/地下鉄 Ledru-Rollin
01 53 17 18 55
シャンブル・ディズ・ヌフ　Chambre 19 : 19, rue Saint-Nicolas, 12^e/地下鉄 Ledru-Rollin
01 53 02 96 96
caravane.fr
日・月曜定休

とっておきのパリ

ひと休みする
グルメ

ローマにいる気分
カプシーヌ　Capucine

　袋小路の奥にかくれたこの小さなカフェは、イタリアを愛する人たちの新たなたまり場となっている。魅力的なインテリア（市松模様の床に、ぴかぴかのカウンター）の店内では、サルデーニャ島出身のモダンではつらつとしたマンマ、ステファニア・メリスが、朝から晩まで料理を作っている。朝食の、とろりとしたカプチーノにひたして食べるクリーム入りクロワッサンから、ミートボール、サンドウィッチ、フォカッチャ、ラザーニャ、日替わりメニューまで。店内で食べるだけでなく、テイクアウトもできる。

イタリア好きのための新たなたまり場となっている、インテリアが魅力的な小さなカフェ。はつらつとしたモダンなマンマ、ステファニア・メリスが、クリーム入りクロワッサンから、ラザーニャまで、一日中サルデーニャ風料理を作っている。テイクアウトもできる。

159, rue du Faubourg-Saint-Antoine, 11^e/
地下鉄 Faidherbe-Chaligny
01 43 46 10 14
年中無休

バスティーユ＊アリーグル

上品なブリティッシュ・パブ
ローズマリー　　Rosemary

　フランスではあまり知られていないイギリス料理が食べられる、はじめての本格的なグルメ・パブがついに登場した。店内はふたつのスペースに分かれている。バーでは、スコッチエッグをかじりながら、ピムス（混成酒）のカクテルやビールを飲むことができる。レストランでは、チェダーチーズのリゾットや、おいしいビーフ・ウェリントン（牛フィレ肉と野菜の詰め物をパイで包んだもの）が食べられる。日曜日には、ブランチのメインとなるサンデー・ロースト（肉とポテトのロースト）をお試しあれ。

イギリス料理が食べられる、パリ初のグルメ・パブ。バーでは、ピムスのカクテルやビールが飲める。レストランでは、スコッチ・エッグにかじりつくのもいいし、ビーフ・ウィリントンを堪能するのもいい。ブランチにはサンデー・ローストが欠かせない。

4, rue Crillon, 4ᵉ/地下鉄 Sully-Morland
01 42 78 09 71
rosemarygastropub.com
月曜定休

軽食の達人
シェ・アリーヌ　　CheZaline

　アラン・デュカスも訪れたことで話題を集めている小さな惣菜店。昔の馬肉屋の外観を残した店で、軽食の達人、デルフィーヌ・ザンペッティが腕をふるう。子牛肉のミラノ風カツレツとグリビッシュソースのサンドウィッチ、ペストとシェーヴルのサンドウィッチ、キャベツの酢漬けとディル風味の生クリームをそえたトラウトのサンドウィッチなどを食べるために、遠くからやってくる人たちもいる。デザートはシンプル（ブラウニーとクランブル）だけど、こちらも人気。4席しかない店内の椅子で食べてもいいし、外のベンチで食べるのもいい。

デルフィーヌ・ザンペッティが、かつて肉屋だったところに開いた惣菜店。おいしい軽食が味わえるから、遠くからもファンがやってくる。子牛肉のミラノ風カツレツやトラウトのサンドウィッチは、店内にある椅子か外のベンチにすわって食べられる。

85, rue de la Roquette, 11ᵉ/地下鉄 Voltaire
01 43 71 90 75
土・日曜定休

とっておきのパリ

はやくておいしい
ラ・カンティーヌ・ドーギュスト　La Cantine d'Auguste

　ストリートファッションの愛好者が、かならずしも、糖質の多い時代遅れのバーガーを好むとはかぎらない。このレストランがそれを証明している。スニーカー、衣類、アクセサリー、雑誌など、ストリートファッションの最高峰ともいうべきアイテムがならんでいるだけでなく、良質の素材を自分で混ぜあわせてつくる新鮮そのもののサラダや、自家製スープ、フォカッチャ、ていねいに煮込んだ日替わり料理などが、10ユーロ以下で食べられる。しかも笑顔のサーヴィスつきだ。じゅうぶんな間隔をあけて置かれている木製テーブルは、友人どうしのランチタイムにぴったりだ。

好きな素材を選べる新鮮なサラダや、自家製スープ、フォカッチャ、日替わりメニューなどが、10ユーロ以下で食べられる。しかも笑顔でサーヴィスしてくれる。間隔をあけて置かれた木製テーブルでランチをさっとすませよう。

10, rue Saint-Sabin, 11ᵉ／地下鉄 Bréguet-Sabin
01 47 00 77 84
augusteparis.com
土・日曜定休

バスティーユ＊アリーグル

ショッピングをする
グルメ

クグロフなどが買える店
ル・ギャルド・マンジェ
Le Garde-Manger

　アリーグル地区の真ん中にある小さなアルザス。手づくりの特産品がたくさんならんでいる。フラムクーシュ（タルト・フランベ）はテイクアウトもできるし、店内でも食べられる。そのほかにもシュークルート、トゥルト・アルザシエンヌ、生シュペッツレ（卵を使った麺の一種）、ブレッツェル、クグロフ、野バラのジャムなどがならんでいる。ヴィニュロン・アンデパンダン（小規模生産者のグループ）のワインも忘れずに。ここではすべてに伝統の香りが感じられる。

アリーグル市場の中心部にある小さなアルザス。ブレッツェル、クグロフ、フラムクーシュといった伝統的な特産品を買って帰ることもできるし、店内で食べることもできる。

17, rue d'Aligre, 12ᵉ/
地下鉄 Faidherbe-Chaligny
01 40 01 02 31
lagardemangeralsacien.wordpress.com　月曜定休

すべて量り売り
ラ・グレヌトゥリー・デュ・マルシェ　La Graineterie du Marché

香りのいい鉢植えで飾られた美しい店先は花屋のようだけれど、じつは食材店。店内にはあらゆる種類の穀物やパスタ、米、野菜、ドライフルーツやジャムがならんでいる。小麦粉、紅茶やハーブティー、香辛料や種などもある。小規模生産者によるもの、オーガニック食品、あまり知られていないメーカーのものなども豊富にそろえている。昔のように、ほとんどすべて量り売りで買うことができる。たとえば、あるレシピを試しに作ってみたいので、これをほんの少しだけ、あるいは数グラムほしいというときにとても便利だ。目立たないけれど、ユニークな魅力のある小粋な店だ。

昔かたぎの魅力的な食材店。オーガニック生産者の穀物やパスタ、米、野菜、ドライフルーツ、紅茶、スパイスなどを売っている。少量ずつでも売ってくれるので、ものすごく便利だ。

8, place d'Aligre, 12ᵉ/地下鉄 Faidherbe-Chaligny
01 43 43 22 64
月曜定休

シェフのチョコ
ラ・マニュファクテュール・ド・ショコラ・アラン・デュカス
La Manufacture de Chocolat
Alain Ducasse

バスティーユ地区全体にカカオの香りがただよっている。フランスを代表するシェフ、アラン・デュカスが、パリの「ウィリー・ウォンカ」（映画「チャーリーとチョコレート工場」に出てくるショコラティエ）に転身したのだから、それも当然だ。かつての自動車修理工場は、レトロな工場風に改装されて理想のチョコレート工場となり、すべての製造工程がここでくりひろげられている。複数の3つ星レストランをもつアラン・デュカスは、名ショコラティエのニコラ・ベルジェと協力して、100％手づくりの、昔ながらのマニュファクテュール（製造所）を再現し、世界中からセレクトしたカカオ豆を使ったチョコレートをつくっている。廃業した糖菓製造所で見つけてきたという美しいマシンに驚嘆した客たちは、定番やオリジナルフレーバーのタブレット（板チョコ）、チョコペースト、洗練されたプラリネなどを買って、店をあとにする。

アラン・デュカスはバスティーユ地区で、かつての自動車修理工場をチョコレート工場に変えた。スターシェフは、名ショコラティエのニコラ・ベルジェと組んで、世界中のカカオ豆を使ったチョコレートをつくっている。

40, rue de la Roquette, 11ᵉ/地下鉄 Bastille
01 48 05 82 86　lechocolat-alainducasse.com　日・月曜定休

バスティーユ＊アリーグル

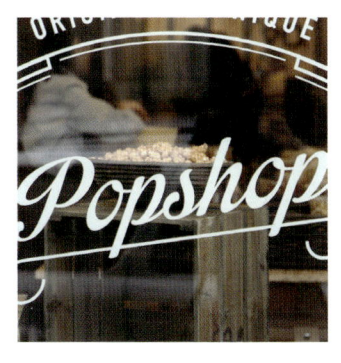

サクサク・ポリポリ
マイ・クレージー・ポップ
My Crazy Pop

　フランス初のポップコーンストアは、甘味（カラメル・フォンダン、ヴァニーユ、パッションフルーツなどのヴァージョン、おいしそう！）への欲求を満たすために通うにしろ、アペリティフのために塩味ヴァージョンを買いだめするにしろ、いずれにしても誘惑の場所だ。トウガラシ味、ロックフォールチーズ味、ワサビ味のポップコーンはまだ食べたことがないのでは？「アペリキューブ」（日本では「ベルキューブ」）とはおさらばだ。そして買いおきしたものを忘れずに映画館にもっていこう！

スウィートそれともソルティ？ このフランス初のポップコーンストアは、トウガラシ味、ロックフォールチーズ味、ワサビ味のポップコーンのような、スナック菓子の新顔も提供している。つぎに映画館に行くときは、少しもっていこう！

15, rue Trousseau, 11ᵉ/
地下鉄 Ledru-Rollin
01 48 07 89 08
mycrazypop.com
日・月曜定休

とっておきのパリ

発見する
カルチャー

コレクションへの情熱
ラ・メゾン・ルージュ　La Maison Rouge

　アントワーヌ・ド・ガルベールは、住宅街に囲まれた工場跡を現代アートのギャラリーに変えた。そこに私蔵のコレクションを展示するだけでなく、現代アーティストたちの支援もしている。フランスや世界各国の若いアーティストたちの作品や、ふだんあまり見ることができない傑作が展示されていて、見飽きることがない。館内にはあのローズベーカリーのサロン・ド・テもあるので、行ってみるだけの価値はある。

住宅街にあった工場跡に、現代アーティストの作品や私蔵コレクションが展示されている。
ローズベーカリーのティーサロンもあるので、ぜひ行ってみよう。

10, boulevard de la Bastille, 12e/地下鉄 Quai-de-la-Râpée
01 40 01 08 81
lamaisonrouge.org
月・火曜定休
入館料 9ユーロ　割引料金 6ユーロ

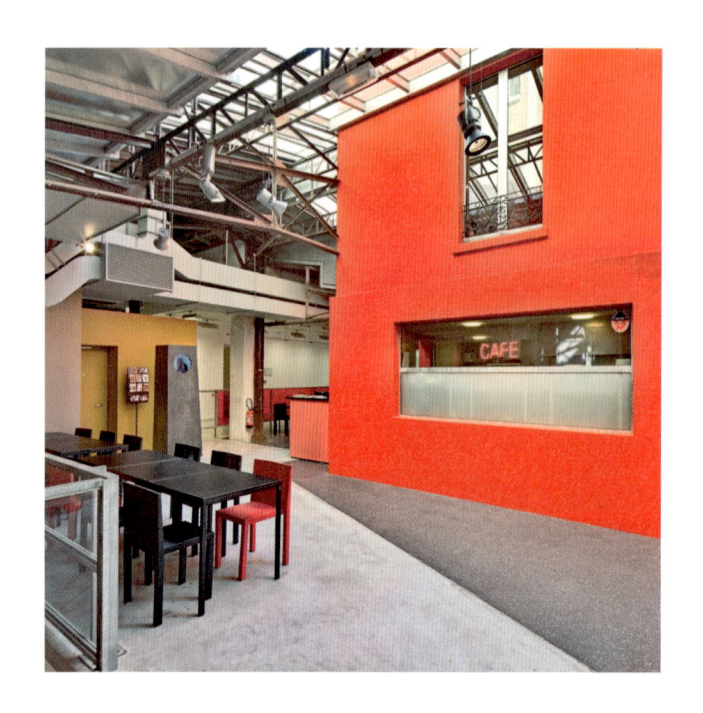

バスティーユ＊アリーグル

個人的なコンサート
カフェ・ド・ラ・ダンス　Café de la Danse

名前とは裏腹に、ここはカフェでもダンススタジオでもない。ラップ通りから数メートルのところにある、客席数500席のコンサートホールだ。ニューヨークのインダストリアルスタイルで建てられた、レンガとコンクリートの美しい建物の中に、温かい雰囲気のホールがある。美しい屋根組で、舞台の奥は石壁になっている。インディーズのロック、エレクトロ、ジャズなど、世界の音楽がプログラムされている。毎晩コンサートが開かれているので、見のがせない。

名前にまどわされないように。このレンガの建物は500席のコンサートホールだ。ロックやエレクトロ、ジャズなど世界の音楽が聴ける。

5, passage Louis-Philippe, 11ᵉ/地下鉄 Bastille
01 47 00 57 59
cafedeladanse.com

映画ファンのメッカ
シネマテーク・フランセーズ
Cinémathéque française

　2005年に建築家フランク・ゲーリーが設計した奇抜な建物へと移転したシネマテークには、3つの展示スペースと、3つの上映ホールがある。映画が大好きなら、この映画博物館へかけつけよう。映画の歴史もよくわかるようになっている。光学器械やカメラだけでなく、有名な衣装やポスターも展示されていて、ひとつひとつに見入ってしまう。アルフレッド・ヒッチコック監督の映画「サイコ」で使われた頭蓋骨などといった異様なものまである。不思議な気配の漂う博物館だ。

映画や映画の歴史に関心があるならシネマテークに行こう。フランク・ゲーリーが設計した風変わりな建物が目印だ。

51, rue de Bercy, 12ᵉ/地下鉄 Bercy
01 71 19 33 33
cinematheque.fr
火曜定休
映画鑑賞 6.5ユーロ　割引料金 5.5ユーロ

ある街角のパリジェンヌ

ブラール通り
ダゲール通り
サンク・ディアマン通り
ビュット・オ・カイユ通り
ジェネラル・ルクレール大通り
アレジア通り
ラスパイユ大通り

ビュット・オ・カイユ

ダンフェール・ロシュロー

　ビュット・オ・カイユには村の雰囲気が残っていて、すぐ近くのチャイナタウン周辺とは対照的だ。ブルジョワ・ボヘミアンのイニシャルをとってボボと呼ばれる人たちは、田舎のかたすみのような場所にあるレストランやバーに通い、子どもたちは通りで遊んでいる。いっぽうダンフェール・ロシュローには、モードやインテリアのブティック、かわいいレストラン、グルメな屋台などがあって、こちらも退屈しない。

Do it in Parisのアプリやdoitinparis.comのサイトには、さらに多くのとっておきスポットが常時掲載されている。

とっておきのパリ

ショッピングをする
モード・美容

とてもフェミニン
レ・ゾートリュシュ
Les Autruches

　流行のアクセサリーが大好きなら、きっとこの美しいショップのとりこになるはず。家具や照明器具のうしろに、人気デザイナーたちのアクセサリーが隠れているなんて、うれしい演出だ。なかでもひと目ぼれしてしまったのは、ジランドール（Girandoles）、エステル・バルリエ（Estelle Barelier）、ヴィルジニ・モンロー（Virginie Monroe）、ラ・フェ・ペルレ（La Fée Perlée）、コリーヌ・フィッシャー（Corinne Fischer）のとても女らしいアクセサリー（イヤリング、ロングネックレス、ブレスレット、指輪など）だ。そのほか、バッグ（革製や帆布製）、ストール、エピスのコットンスカーフなど、どれもすてきなアイテムばかりだ。

アクセサリー好きの期待にこたえるすてきなショップ。家具や照明器具のうしろに、バッグやストール、スカーフといったとてもフェミニンなアクセサリーが隠れている。

32, rue Boulard, 14ᵉ/
地下鉄 Denfert-Rochereau
01 43 20 23 62
lesautruches.com
月曜定休

ビュット・オ・カイユ＊ダンフェール・ロシュロー

失われた時を求めて
マダム・ド　Madame De

　にぎやかなダゲール通りの中心にある、現代的でありながらどこかレトロなデポ・ヴァント（委託販売店）。ここなら新品同様のヴィンテージの洋服がきっと見つかる。有名ブランドはもちろん、ショップオーナーのアルメルが探し出してきた格安アイテムもある。オーナーは、ルイーズ・ド・ヴィルモランの小説（耳飾りがつぎつぎに人手にわたっていく物語）にちなんでこの店名をつけたという。そんなエスプリにあふれたこのショップは、インテリア雑貨やテーブルウエア、昔風のコーヒーセットなどを幅広くとりそろえている。

活気に満ちたダゲール通りにあるチャーミングなユーズドショップ。新品同様のヴィンテージものの洋服や、新旧さまざまな幅広いアイテムを取りそろえている。

65, rue Daguerre, 14e/地下鉄 Denfert-Rochereau
01 77 10 59 46
madamede.net
日・月曜定休

シックでお手頃
ストック・ソニア・リキエル　Stock Sonia Rykiel

　有名ブランドのストック（アウトレット）に行くこと、それがファッションを愛してやまない人たちの最強プランだ。だからアレジア通り（ストックのメッカだ）の2軒のブティックに急いでかけつけて、ソニア・リキエルの服をいっぱい買いだめする。1軒目はオートクチュール、2軒目はもう少し手頃なプレタポルテを扱っている。去年のデザインだったりするけれど、安く買える（平均して40％オフ）。でも、そこからさらに半額になるソルドの期間に行くことをおすすめしたい。バッグにジャケットにワンピース。流行に左右されない趣味のいいアイテムを迷わず丹念に探してみて。

ファッションが大好きという人たちは、前年のコレクションで格安になっているソニア・リキエルのアイテムを買いだめするため、この2軒のブティックにかけつける。

64 et 110, rue d'Alésia, 14e/地下鉄 Alésia
01 43 95 06 13
日・月曜定休

とっておきのパリ

ショッピングをする
インテリア

ありあまるほどの家具
ヴァンヴの蚤の市　Les Puces de Vanves

　蚤の市といっても、ただの蚤の市ではない。ここにあるのは中国の民芸品や「メイド・イン・チャイナ」の安物ではなく、18世紀から現代までのかなりすごいコレクションだ。アールデコや、1950年代から1970年代の逸品もある。380ある出店はみんな本業で、週末ごとにさまざまな値段のお宝をならべている。なるべく朝早く行って、丹念に見て、値切って得しよう。こちらには錬鉄製ガーデンテーブルとベンチのセット、あちらにはペアの安楽椅子。70年代のランプはあちこちにある。というわけでイケアとはお別れだ！

ヴァンヴの蚤の市では、週末ごとに380の出店がそれぞれのお宝を広げる。買っても買わなくても楽しいお出かけになりそう。

Avenue Georges-Lafenestre,
avenue Marc-Sangnier, 14ᵉ／地下鉄 Porte-de-Vanves
pucesdevanves.typepad.com
土・日曜のみ開催

ビュット・オ・カイユ＊ダンフェール・ロシュロー

各地から集めたもの
ラ・ブティック・オ・ブ・ド・ラ・リュ
La Boutique au Bout de la Rue

　柔らかな色づかい、手触りのいい素材、エスニックなものやシックなもの、再利用できるもの。この小さなインテリアショップには、アンヌとブリュノが見つけてきた掘り出し物がたくさんある。安くてわくわくするようなものばかりだ。家中どこでも使えるランプ、奇抜な額縁、カバー類、愉快な家具などなど。ふたりがたいせつにしているのは、フェアトレード、フランス各地を旅しながら出会った職人たち、ほかのどれにも似ていないという喜びだ。だから、エスプリにあふれたこの場所から、手ぶらで出ていくことなんてできっこない。

アンヌとブリュノの夫妻が営むおしゃれなインテリアショップ。リサイクルしたものやサステナブルなものがあふれている。ライト、額縁、テキスタイル、家具などは、ふたりがフランス中を旅したときに手に入れたものだ。

18, rue Francis-de-Pressensé, 14e/地下鉄 Pernety
09 75 40 64 71
laboutiqueauboutdelarue.fr
日・月曜定休

気軽に食卓につこう
エム・ペー・サミー　MP Samie

　リモージュ焼が山ほどあって、しかも低価格という、びっくりするような店だ。白い陶磁器に彩色陶磁器、クラシックにモダンと、あらゆる種類の磁器が、なんと3つのフロアにあふれていて、まるで磁器の殿堂のようだ。大小の平皿、サラダボウル、小鉢、水差し、カップ、砂糖入れ、バターケース、ソースポット、コーヒーポット、ティーポット、あげていったらきりがない。食卓を見違えるようにしたいなら、絶対ここに行くべきだ。しかもどの製品にも、写真やメッセージを入れることができる。

リモージュ焼の殿堂のような3階建てのショップ。皿、ボウル、カップ、ティーポットなどがそろっている。しかもどの製品にも写真やメッセージを入れられる。

45, avenue du Général-Leclerc, 14e/地下鉄 Alésia
01 40 47 59 21
porcelainesmpsamie.fr
日曜定休

とっておきのパリ

ひと休みする
グルメ

おしゃべりするためのレストラン
レ・ピプレット　Les Pipelettes

　このレストランには、いつも、どの時間でも、おしゃべり好きな女性たち(グルメな女性たちも)が集まっている。彼女たちのお皿には、新鮮ハーブのポタージュや、アーティチョークのタルト、ココナツミルクで煮た魚、それからイベリコ豚のハムの盛り合わせ。デザートのルバーブのタルトや、ミルクチョコとヘーゼルナッツのタルトは、紅茶やフレッシュジュースを飲みながらティータイムにも楽しめる。食材コーナーも併設していて、手づくりのジャム、チョコレート、スパイスなどを買うことができる。

ランチタイムやティータイムに、おしゃべり好きのグルメたちが軽い食事を楽しむのにうってつけのレストラン。食材コーナーにもおいしいものがたくさんならんでいる。

31, rue Brézin, 14e/地下鉄 Mouton-Duvernet
09 81 29 27 32
les-pipelettes.blogspot.com
日・月曜定休

© LES PIPELETTES

ビュット・オ・カイユ＊ダンフェール・ロシュロー

シェフの特別料理
オーギュスタン　Augustin

　本格的でリーズナブルな料理を愛するパリっ子たちが待ち望んでいたのが、このビストロだ。シェフのヴァンサン・デイル（コルシカ島カルヴィで1つ星を獲得）は、シックで心地よいインテリア、フレンドリーな雰囲気、暖房のある極上のテラスといったものすべてを、みごとに調和させている。アラカルトは、フレッシュなアーティチョークのファルシ、シャンパーニュとフォアグラをそえて蒸し煮したチキン、リゾット・オ・サンジャック（ホタテ貝のリゾット）。そしてデザートには、コルシカ産レモンの香りのチーズケーキ、リオレ・オ・カラメル（お米を使ったデザート）。どれもおいしそうだ！

パリのグルメが行く価値のあるリーズナブルなビストロ。シックで心地よいインテリア、フレンドリーな雰囲気、暖房のある極上のテラス。シェフのヴァンサン・デイル（コルシカ島カルヴィで1つ星を獲得）はこれらをみごとに調和させている。

79, rue Daguerre, 14ᵉ / 地下鉄 Gaîté
01 73 20 27 50
augustin-bistrot.fr
日曜定休

編み物喫茶
ロワズィヴ・テ　L'Oisive-Thé

　ペルシュ地方やロット地方の山間にあるような温かい雰囲気のサロン・ド・テ。だからもう田舎まで行かなくても自然につつまれている気分になれる。晴れた日にはかわいいテラス席で、シンプルでおいしいアラカルトが食べられる。コースメニューは野菜とアンチョビペーストのタルトタタン、鶏小屋から直送された卵を使った半熟卵（細長く切ったパンとバターをそえて）、自家製チーズの折り込みパイ、クルスティーフォンダン、本日のケーキ。ここの素晴らしいところは、友人同士で編み物をしたり、編み方を教わったり、毛糸玉を買ったりできるコーナーがあること。ほんとうに魅力的なスポットだ。

かわいいテラス席のある、田舎にいるような雰囲気のティーサロン。野菜のタルトなどの軽食や、ホームメイドケーキが食べられる。編み物の練習をしたり、毛糸玉を買ったりすることもできる。

1, rue Jean-Marie-Jégo, 13ᵉ/ 地下鉄 Corvisart
01 53 80 31 33
loisivethe.com
月曜定休

さあ飲みに出かけよう

ビュット・オ・カイユにはまだ村の精神が息づいている、といわれている。なごやかなバーでワインや生ビールを飲みながら確かめてみよう。はしごする準備はできた？ 最初は**ラ・フォリー・アン・テット**。楽しい雰囲気のバーで、壁には古い楽器が飾られている。次は**ル・メルル・モクール**。極上ラム酒とおいしいティポンシュ（カクテル）が飲めて、1980年代の音楽が似合う店。最後は**ル・ブッシュ・ア・オレイユ**。温かい雰囲気のワインバーで、この界隈のボボ（ブルジョワ・ボヘミアン）たちのお気に入り。忠告しておくけど、帰りはタクシーを使ってね。

ビュット・オ・カイユ地区には村の精神がまだ息づいている。1日の終わりに一杯飲みにいくバーがたくさんあるので、はしごしよう。

ラ・フォリー・アン・テット La Follie en Tête
33, rue de la Butte-aux-Cailles, 13e/
地下鉄 Corvisart
01 45 80 65 99
lafolieentete.wix.com/lesite
日曜定休

ル・メルル・モクール Le Merle Moqueur
11, rue de la Butte-aux-Cailles, 13e/
地下鉄 Corvisart
年中無休

ル・ブッシュ・ア・オレイユ Le Bouche à Oreilles
10, place Paul-Verlaine, 13e/
地下鉄 Corvisart
01 45 89 74 42
日曜定休

ビュット・オ・カイユ＊ダンフェール・ロシュロー

ショッピングをする
グルメ

美しくておいしい
シェ・ボガト　Chez Bogato

　アナイス・オルメールが営むこのお菓子屋さんにあるのは、おいしくて美しいものばかり。ケーキ作りの第一人者である彼女は、チョコレート色のショーウインドーがある工房の中で、夢いっぱいにデコレーションされたケーキを作っている。使われているのは、上質のチョコレート、オーガニックの小麦粉と砂糖、AOC認定のバターとクリームといった品質の良い材料のみ。添加物も保存料も入っていない。こうした芸術的ケーキの中でもトップ3をあげるなら、「ヌテラ」のチョコスプレッド入りさくさくタルト、空中庭園風デコレーションケーキ、パンプス型のサブレ「エスカルパン」。それだけでなく、かわいい小さなサブレもある。あなたの頭に思いうかんだものを、彼女の豊かな発想力でお菓子にしてもらうことだってできる。

自然の原材料だけを使っているアナイス・オルメールのお菓子店は、どれをとっても美しくておいしい。さらにうれしいことに、彼女のかぎりない才能によってあなたの気まぐれを形にしてもらうこともできる。

7, rue Liancourt, 14e／地下鉄 Denfert-Rochereau
01 40 47 03 51
chezbogato.fr
日・月曜定休

最高においしい花蜜
レ・ザベイユ　Les Abeilles

地元産を愛する人たちにオススメ。100％パリ産（近くにあるケレルマン公園の巣箱から採取）のおいしい蜂蜜が買える蜂蜜店だ。自家製蜂蜜にくわえて、贈り物にぴったりの最高の花蜜（クローバー、レモン、アーモンドなどの花からとったもの）も買える。そのほかにも、キャンディーや石けん、蜜ろう、パンデピスなどがならんでいる。瓶詰機が置いてあるので、瓶を用意して行けば自分で蜂蜜をつめることもできる。ぜひやってみて！

蜂蜜好きならこのかわいらしい店に行こう。花蜜がいろいろ選べて、キャンディーや蜜ろう、パンデピスも買える。自分で蜂蜜を瓶につめることもできる。

21, rue de la Butte-aux-Cailles, 13e／地下鉄 Corvisart
01 45 81 43 48
lesabeilles.biz/fr
日・月曜定休

昔ながらの丸パン
ル・ムーラン・ド・ラ・ヴィエルジュ
Le Moulin de la Vierge

　歴史的建造物に指定されている美しいお店で、おいしいパン・ド・カンパーニュが買える。臼で挽いた小麦粉を使い、薪で焼いている。身がつまっていて皮はパリパリ、みんなに愛される昔ながらのパンなので、パリの反対側から朝早くやってくる人たちもいる。純バターのヴィエノワズリや美しいブリオッシュ、香りのよいパンデピスなどを買い求めにくる人たちも多い。伝説的なスポットだ！

パリで最も有名なパン店のひとつ。薪がまで焼いたパン・ド・カンパーニュや、ブリオッシュなどのおいしい菓子パンがパリじゅうのファンをひきつけている。

105, rue Vercingétorix, 14e／地下鉄 Pernety
01 45 43 09 84
lavierge.com
日・月曜定休　　パリには他に3店舗ある

チャイナタウン訪問ガイド

チャイナタウンには、めずらしいアジア食材がある。この界隈には中華食材店がたくさんあって、エキゾティックな料理を作るのに必要なものがなんでも買える。グルメなショッピングができる代表的な店は**タン・フレール**と**パリ・ストア**だ。タン・フレールはとにかくパリでいちばん大きいアジアンスーパー。果物や野菜、冷凍点心、春巻き、香辛料、米、ソース類など豊富な食材をそろえている。パリ・ストアも品数が多く、とくに食器類が充実している。スイーツでは、**ラ・パティスリー・ド・ショワジー**なら、わざわざ遠くからでも買いにきたくなる。お茶が好きな人は、一味違う"お茶屋さん"、**ランピール・デ・テ**なら満足することだろう。

大小の中華食材店が集まる典型的なチャイナタウン。エキゾティックな食材、ソース類、農産物、できあいの点心や春巻きなども買えるから、あとは箸を用意するだけ。

タン・フレール　Tang Frères
48, avenue d'Ivry, 13ᵉ/地下鉄 Porte-d'Ivry
01 49 60 56 78
月曜定休

パリ・ストア　Paris Store
44, avenue d'Ivry, 13ᵉ/地下鉄 Porte-d'Ivry
01 44 06 88 18
paris-store.com
月曜定休

ラ・パティスリー・ド・ショワジー　La Pâtisserie de Choisy
62, avenue de Choisy, 13ᵉ/地下鉄 Maison-Blanche
01 45 82 80 70
火曜定休

ランピール・デ・テ　L'Empire des Thés
101, avenue d'Ivry, 13ᵉ/地下鉄 Tolbiac
01 45 85 66 33
empiredesthes.fr
日・月曜定休

とっておきのパリ

発見する
カルチャー

丘に上って見分をひろめよう
ビュット・オ・カイユ散策　Promenade sur la Butte aux Cailles

　天気のいい日はビュット（丘という意味）に出かけよう。このあたりは19世紀の終わり頃、ビエーヴル川沿いに住む廃品回収業者や皮革製造職人たちが開拓したという、いっぷう変わった歴史をもっている。教会もない村には、しだいに農地や作業場や商店がふえていった。今もまだ田舎の風情が残っている。魅力的な通りや広場に迷い込んで、有名なアーティスト、ミス・ティックが壁に描いたストリートアートを見つけよう。その気があればビュット・オ・カイユ通りを下ってダヴィエル通りまで足をのばしてみるのもいい。10番地の「小さなアルザス」の前で立ちどまろう。木が植えられた中庭を、アルザス風の美しい住宅が囲んでいるようすがとても魅力的だ。そこから見上げると、今度は「小さなロシア」が見える。白い家が連なっているような変わったつくりの建物は、もともとはタクシー運転手の住まいだった。昔はタクシー運転手に白系ロシア人が多かったためだ。いろいろな歴史がある場所だ。

田舎の雰囲気が感じられるビュット・オ・カイユを散策しよう。かつて労働者たちが住む地域だったこの場所には、風変わりな通りや家々が見られる。

Quartier de la Butte aux Cailles, 13^e/地下鉄 Corvisart

ビュット・オ・カイユ＊ダンフェール・ロシュロー

創造性の飛躍
カルティエ現代美術財団　Fondation Cartier pour l'art contemporain

　ジャン・ヌーヴェル設計による壮麗なガラスのファサードを持つ美術館。自然のままの庭には、1823年に作家シャトーブリアンが植えたレバノン杉が今も残っている。ここで開かれる展覧会は、現代美術の粋を集めたものであり、型破りの展示が行なわれることも多い。ミュージシャン、デザイナー、カメラマン、デザイナー、彫刻家なども、現代の創作活動の最先端をいくこのスペースに招かれている。週末はこみあうのが難点だが、ぜひ訪れてみたい美術館だ。

ジャン・ヌーヴェルが手がけた堂々たるガラスのファサードの美術館。創造活動の最先端にいる現代のトップアーティストたちを受け入れている。

261, boulevard Raspail, 14^e/地下鉄 Raspail
01 42 18 56 50
fondation.cartier.com
月曜定休
入館料 10.5ユーロ　割引料金 7ユーロ

巨匠の秘密
アンリ＝カルティエ・ブレッソン財団
Fondation Henri-Cartier-Bresson

　パリ14区の袋小路の奥にあるアンリ＝カルティエ・ブレッソン財団の建物は、2003年までエレガントなアトリエだった。彼自身の業績（オリジナルプリント、デッサン、手紙、本、アルバムやフィルム）を展示するだけでなく、ウォーカー・エヴァンズ、ロベール・ドアノー、アーヴィング・ペンといった写真家たちの写真展も開催している。

1912年に建てられたエレガントなアトリエは、2003年にアンリ＝カルティエ・ブレッソン財団に衣がえした。彼の業績だけでなく、ほかの写真家たちの写真展も開催されている。

2, impasse Lebouis, 14e/
地下鉄 Gaîté
01 56 80 27 00
henricartierbresson.org
月曜定休
入館料 7ユーロ　割引料金 4ユーロ

© FONDATION H. CARTIER-BRESSON

ある街角のパリジェンヌ

do it in Paris

パッシー通り
モザール通り
ラヌラグ通り
ジャン・ド・ラ・フォンテーヌ通り
オートゥイユ通り
シャルル・ド・ゴール大通り
ポンプ通り
アソンプシオン通り

オートゥイユ
ヌイイ
パッシー

　オートゥイユ＝ヌイイ＝パッシーとひとくくりにして語られることの多いこの閑静なエリアが、高級住宅街として豪奢と礼儀作法の香りを放っていることはだれも否定できない。だが16区にはイギリス式庭園や小公園、ブーローニュの森などがあり、すばらしい美術館、魅力あふれるレストラン、村の雰囲気を残す通り、中古品が安く買えるデポ・ヴァント（委託販売店、いわゆるリサイクルショップ）もある。広大で心地よい地区なのに、思いこみからパリの人たちに敬遠されることも多いこのあたりを探検に行こう。

Do it in Parisのアプリやdoitinparis.comのサイトには、さらに多くのとっておきスポットが常時掲載されている。

とっておきのパリ

ショッピングをする
モード・美容

バッグのレンタル
ロレット・エ・ジャスマン
Lorette et Jasmin

　高価なバッグを身につけたお金持ちのお嬢さまに変身できたらなあと思っている、お金のないおじょうさんたちに名案がある。このデポ・ヴァント（委託販売店）にはなんと、バッグの貸出カウンターがあるのだ。結婚式やサントロペへの旅行用に、ブランドバッグをウィークエンドだけ、あるいは1週間だけ、手頃な値段でレンタルしよう。あのエルメス・バーキンから、セリーヌ・ラゲージ、シャネルのクラシックバッグまで、マストアイテムがブティックの大きな壁にずらっとならんでいる。あとは、お気に入りのものを選ぶだけ！

お金のないおじょうさんも、このデポ・ヴァントなら、高価なおしゃれバッグを、週末だけとか週単位で手軽にレンタルできる。あのエルメス・バーキンから、セリーヌ・ラゲージ、シャネルのクラシックバッグまでそろっている。だから壁から好きなものを選ぼう。

6, rue François-Millet, 16e/地下鉄 Jasmin
01 45 25 41 36
loretteetjasmin.com
日・月曜定休

オートゥイユ＊ヌイイ＊パッシー

ヴィンテージ通り

ポンプ通りの**レシプロック**をひとめぐりしよう。ここはお買い得品の殿堂だ。ジャンル別（イブニングドレス、皮革製品とアクセサリー、婦人服、紳士服、雑貨と宝飾品、インテリア）に6店もあるパリ最大のデポ・ヴァント（委託販売店）だ。総敷地面積は700平方メートルにも及ぶ。ここなら、オートクチュールや、フランス・イタリア・日本・ベルギー・アメリカのブランド品、アンティークやモダンの雑貨やアクセサリー、スポーツウエア、カクテルドレスなどの高級品を見つけることができる。16区の中心にある、まさにおすすめスポットだ。

シックなポンプ通りにならぶ6つのジャンル別ヴィンテージショップ。総面積は700平方メートルもあり、高級ブランドの洋服やアイテムを買うことができる。

レシプロック　Réciproque
89-101, rue de la Pompe, 16ᵉ/
地下鉄 Rue-de-la-Pompe
01 47 04 30 28
reciproque.fr
日・月曜定休

とっておきのパリ

スタイルのプロ
アー・テ・エル・エフ ATLF

オーナーのソフィー・レヴィがこのマルチブランドショップを立ち上げたのは、女の子たちが自分らしいスタイルをつくる手伝いをしたかったから。心理学者で想像力も豊かな彼女は、それぞれが自分を引き立たせることができるように導いてくれる。モードのプロとしては、カッティングも色もアクセサリーも、なにひとつおろそかにすべきではないという。エミリオ・プッチ、ジョセフ、クロエ、ミッソーニ、キャサリン・マランドリーノなど、セレクトされているものはすべて流行に左右されないものだ。値段が張ることもときにはあるけれど、長く着られるものだから、じゅうぶん元が取れるというものだ。

ソフィー・レヴィはマルチブランドのセレクトショップにたくさんの洋服をそろえるだけでなく、女の子たちが自分の外見を引き立たせ、自分らしいスタイルを見つけるための手伝いをしている。

145, rue de la Pompe, 16e/地下鉄 Victor-Hugo
01 45 05 06 23　atouteslesfilles.com　日曜定休

ほほえみのパリ製ジュエリー
マティルド・マ・ミューズ　Mathilde ma Muse

マティルド・シモンは、たまたま家族や友人たちのために、ストーリーや秘密のメッセージをこめたアミュレット（お守り）をつくったのがきっかけで、ジュエリー・デザイナーになった。直観的で反骨精神のあるマティルドは、あえて常識をうちやぶることもあるけれど、その作品はあくまでもエレガントだ。アメジスト、アクアマリン、ムーンストーン、クォーツ、パールといった宝石が、ネックレスやブレスレット、絹織りのバングルなどにあしらわれている。時代をさきどりしたジュエリーは、洗練されていて甘すぎず、どんなスタイルにもマッチする。

マティルド・シモンのジュエリーには反骨精神が感じられる。彼女のブレスレットや、ネックレス、バングルには、アメジスト、アクアマリン、ムーンストーン、クォーツ、パールなどがあしらわれている。いつでも、どんなスタイルにも合うユニークなアイテムだ。

105, rue Lauriston, 16e/地下鉄 Boissière または Trocadéro
01 45 03 37 28　mathildemamuse.com　日曜定休
姉妹店　45, rue Madame, 6e/地下鉄 Saint-Germain-des-Prés
01 45 48 35 15

オートゥイユ＊ヌイイ＊パッシー

アールデコのプールで泳ぐ
ホテル・モリトールのプール
Piscine de l'hôtel Molitor

　1930年代のまさに至宝でありながら、しばらく見すてられていた伝説のプールが、全面的にリニューアルされて、16区のはずれに静かにたたずむくつろぎのホテルの中心におさまった。室内プールと美しい屋外プール、それにソラリウム（サンルーム）やスキンケアブランド「クラランス」のスパもあって、夏でも冬でも、おもいきり羽根をのばすことができる。年会員になるのはとても高くつく特権だけれど、スパを利用するか、一日会員になれば、数時間のあいだ優雅に泳ぐことができる。

30年代の伝説のプールがリニューアルされて、高級ホテルの一部となった。室内と屋外のプール、サンルームや「クラランス」のスパもある。年会員になるのは高くつくけれど、1日だけの会員になることもできる。

13, rue Nungesser-et-Coli, 16ᵉ／
地下鉄 Michel-Ange-Molitor
01 56 07 08 80
mltr.fr　年中無休

とっておきのパリ

ショッピングをする
インテリア

完璧なティータイム
ブリティッシュ・ショップ　British Shop

　イギリスの女流小説家ジェーン・オースティンのファンなら、イギリスの陶磁器だけをとりあつかうこのショップがきっと気に入るだろう。皿、マグカップ、ティーポット、ティーカップなどが、イギリスの一流ブランド（ウェッジウッド、ジョンソン・ブラザーズ、ピンパーネル、ピーター・ラビット、ロンドン・ポタリーなど）のなかから選べる素晴らしい品ぞろえだ。でも、きちんとしたティータイムには、ティースプーンやケーキ用フォーク、専用のタルトサーバーも必要だ。このチャーミングなショップにはそうした道具もすべてそろっている…。というわけでスコーンをもう少しいかが？

ウェッジウッドなどイギリスの陶磁器と、スプーンやエレガントな道具類を専門にとりあつかうテーブルウエアの店。完璧なティータイムに必要なものがすべてそろう。

2, rue François-Ponsard, 16ᵉ/
地下鉄 La Muette
01 45 25 86 92
britishshop.fr
日曜定休

オートゥイユ＊ヌイイ＊パッシー

旅の思い出
ベア・ファクトリー　Béa Factory

アールデコを専門に学んだベアトリスが、アメリカをはじめ世界各国を旅しながら見つけた品々を陳列しているインテリアショップ。ここにあるのは創造性と実用性と品質の高さで選ばれたものだ。たとえば、光沢のある金属製のインダストリアルデザイン風ソファ、アメリカの国旗がついたイギリス製の木製たんす、バーのスツール、木材と金属でできたひきだしのある家具など。そのほかにも、クッションや鏡、置時計などといったインテリア雑貨があふれている。

ベアトリスがアメリカなど世界各国を旅して見つけた、クリエイティブなアイテムを売っているインテリアショップ。バーのスツールやデザイナーズ家具などのほか、クッション、鏡、置き時計といった小物もある。

34, rue de Sablonville, 92200 Neuilly-sur-Seine／地下鉄 Porte-Maillot
01 46 24 32 72
bea-factory.com　日曜定休

理想のコンセプトショップ
ドゥ・ミル・ユイット　Deux Mille Huit

このかわいいブティックには、いまどきのブランドがせいぞろいしている。「ル・ティポグラフ」（p.54を参照）の愉快で洗練されたベルギー製文房具や、「バンディ・マンショ」のシックな革製ポストカード、あせた色合いが人気の亜麻布のリネン類もある。マリー・デルヴィルが、ポエティックであたたかい、独自の世界をつくりあげてくれたくれたことに感謝しよう！

マリー・デルヴィルは、小さなブティックにポエティックな世界をつくりあげた。キュートな「ル・ティポグラフ」のステーショナリーや、「バンディ・マンショ」の革製ポストカード、家庭用リネンなど、すてきなアイテムがそろっている。

8, rue Vital, 16ᵉ／地下鉄 La Muette
01 45 03 51 99
deuxmillehuit.jimdo.com
日・月曜定休

とっておきのパリ

ひと休みする
グルメ

生粋のイタリア人
ノン・ソロ・クッチーナ　Non Solo Cucina

　陽気なトラットリアのようなイタリアンレストラン。ほんとうにおいしいシチリア料理が食べられる。アントレには、生粋のシチリア人であるシェフのジュゼッペ・メッシーナが秘伝のアンティパストを作ってくれる。松の実とレーズンとオレンジピールを詰めたサーディン、ムール貝とハマグリのシチリア風ソテーも、ものすごくおいしい。つぎに出てくるのが、たっぷりのパスタ（ナスのパスタ、海の幸のパスタなど）、さらには煮込み、イタリア風焼き魚。甘いもの好きなら、リコッタのケーキもはずせない。そのほかのスイーツも、もちろんシチリア風だ。マンマ・ミーア、とってもおいしい！

陽気なトラットリアで、ジュゼッペ・メッシーナが作るシチリア料理を味わおう。おいしいアンティパストから、大盛りパスタ、すばらしいドルチェまで、バラエティ豊かな料理が味わえる。

135, rue du Ranelagh, 16e/
地下鉄 Ranelagh
01 45 27 99 93
日・月曜定休

168

オートゥイユ＊ヌイイ＊パッシー

低カロリーのランチ
デ・エス・カフェ　DS Café

　ここには、OLやスタイルを気にする16区のセレブなど、あらゆるタイプの女の子たちがやってくる。なぜなら、DSカフェは、ほかのサロン・ド・テとはちがうから。この店のオーナーは、低カロリーでもとびきりおいしい料理で、シックなお客さまたちのスタイルに気を配ってくれる。メニューは、デトックス・サラダ、蜂蜜ソースの刺身、「プロテイン・ダイエット」料理、低カロリーの野菜グラタンなど。低カロリーのチーズケーキもぜひご賞味あれ。

16区のOLやセレブたちのたまり場となっているカフェ。この店のオーナーは、低カロリーのサラダや料理を、シックな客たちに提供している。低カロリーのチーズケーキもぜったい味わってみるべき。

3, rue de Sontay, 16ᵉ／地下鉄 Victor-Hugo
01 45 01 21 21
dscafe.fr
年中無休
姉妹店
25, avenue Niel, 17ᵉ／地下鉄 Ternes
01 40 55 02 02

トレンディなプロヴァンス
ブラッスリー・ドートゥイユ
Brasserie d'Auteuil

　もうパリ東部だけが流行の最先端をになっているわけではない。ローラ・ゴンザレスがデザインした、この広々としたブラッスリーがそれを証明している。古道具屋で買いそろえたテーブルや椅子、ふぞろいの食器がならび、インテリアは田舎風だ。夏にはプロヴァンスを思わせる屋上も用意されている（ただしセミはいない）。料理はイタリア風で、ピザやモッツァレッラのクロケット、美しいサラダに、すばらしいカクテルもある。

ローラ・ゴンザレスがデザインした、イタリアンスタイルの広々とした田舎風ブラッスリー。ヴィンテージのテーブルや椅子、ふぞろいの食器がならび、屋上はプロヴァンスにいるような気分にさせてくれる（バッタはいないけれど）。

78, rue d'Auteuil, 16ᵉ／地下鉄 Porte-d'Auteuil
01 40 71 11 90
auteuil-brasserie.com
年中無休

とっておきのパリ

ショッピングをする
グルメ

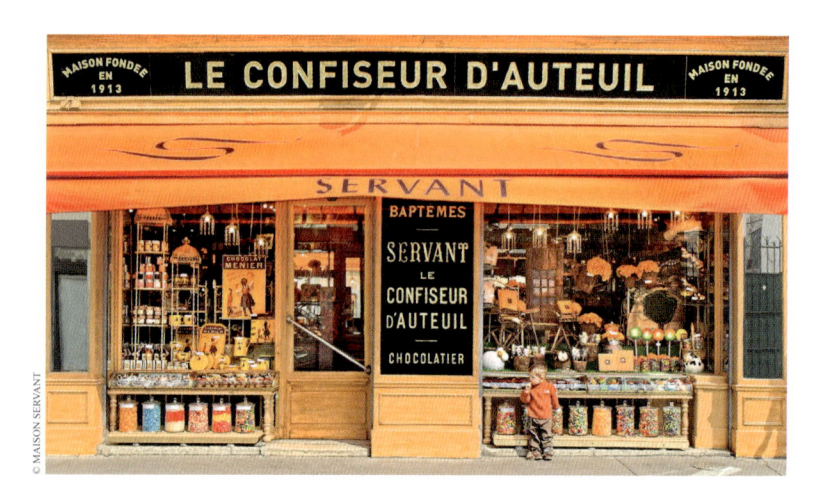

ショコラの夢
メゾン・セルヴァン　Maison Servant

　今から100年前、メゾン・セルヴァンは高級食材店だったが、その後チョコレートと砂糖菓子の店になった。どの世代のグルメたちも魅了するお菓子の瓶が何百もならんでいることで有名だ。フランス各地で作られる伝統的なキャンディーはもちろん、チョコレートやガナッシュを目あてに多くの客が訪れる。チョコレートは高級カカオ豆を使用。コーヒー、ジャスミンティー、トンカ豆、カルダモン、シナモン、ピンクペッパー、フランボワーズ、パッションフルーツ、レモン、洋ナシ、ラムなどのフレーバーがある。ローストアーモンドやピエモンテのヘーゼルナッツを使ったプラリネはなんともいえないおいしさだ。これぞ最高の幸せ。

フランス各地のキャンディーをとりそろえていることで知られる老舗は、さまざまなフレーバーのチョコレートも売っている。甘いもの好きならぜひ行ってみたいスポット。

30, rue d'Auteuil, 16ᵉ/地下鉄 Michel-Ange-Auteuil
01 42 88 49 82
chocolaterie-servant.com
年中無休
姉妹店
22 bis, rue de Chartres, 92200 Neuilly-sur-Seine /地下鉄 Les Sablons
01 47 22 54 45

オートゥイユ＊ヌイイ＊パッシー

きわめつきのクリーム
オ・メルヴェイユ・ド・フレッド
Aux Merveilleux de Fred

　長い行列ができることでもわかるように、驚きを提供してくれるお菓子の名店だ。じつは、クラミックやゴーフルと同じく、リール発祥のお菓子の名前が「メルヴェイユ」（驚きという意味）。メレンゲをチョコレートクリームでくるみ、けずったブラックチョコレートをまぶして粉砂糖をかけ、その上にホイップクリームをのせる。そのままビッグサイズにしたものもある。フランス革命期の総裁政府時代に、この奇抜さが人気を集めて、「メルヴェイユ」、「アンクロワヤブル」（信じられないもの）と呼ばれたらしい。店内の壁に歴史が書かれているので、確かめに行こう。

ゴーフルと同じく、リール発祥のおいしいメレンゲ菓子「メルヴェイユ」は、行列にならんででも食べてみたい。

29, rue de l'Annonciation, 16ᵉ/地下鉄 La Muette または Passy
01 45 20 13 82
auxmerveilleux.com
月曜定休
パリには他に4店舗ある

マストなマーケット
ル・マルシェ・プレジダン＝ウィルソン
Le marche President-Wilson

　イル＝ド＝フランスで育った露天栽培の野菜を求めて、パリじゅうの人がかけつける八百屋のジョエル・ティエボーがいるから、地産地消のマルシェであり、テイクアウトできる極上パエリアや、レバノンでも指おりの総菜屋、パリでいちばんおいしいニョッキをつくるイタリアンの店などがあるから、世界の台所でもある。ブルターニュと同じくらいおいしいクレープのテイクアウトもできるし、チーズ熟成業者の高品質のAOCチーズだってある。このマルシェは、国立近代美術館、パレ・ド・トーキョー（p.88参照）、ガリエラ宮（p.89参照）という、3つの重要な美術館にはさまれた場所で開催されている。食料品店不足に悩む地元の人たちにとっては、近所の食料品店代わりにもなっている。シックでグルメだけれど、気どっていない。ぜったいに行ってみるべきマルシェだ！

かならず行くべき3つの美術館（国立近代美術館、パレ・ド・トーキョー、ガリエラ宮）にはさまれた場所で開催されるこのマルシェは、高品質の商品が売られている高級な青空市場で、おいしいテイクアウトのスタンドもある。このマルシェは、ぜったいに行くべき！

Avenue du Président-Wilson, 16ᵉ/地下鉄 Alma-Marceau
水・土曜の午前中のみ

171

とっておきのパリ

発見する
カルチャー

温室の中のパラダイス
オートゥイユ温室庭園
Jardin des Serres d'Auteuil

　広大なブーローニュの森に隠れたこの庭園は、魅力的でエレガントなオアシスだ。7ヘクタールもの広さの中に、シンメトリーの美しい芝生や、季節ごとに変化する花壇、階段やテラス、イギリス風庭園、日本や地中海をイメージした庭園などがある。でもこの庭園の目玉はなんといっても、全部で5つあるフランスにこれまでなかったタイプの温室だ。暑く湿った熱帯の庭園と、それほど湿度の高くないヤシ園、それほど暑くないオレンジ園を、ひとつ屋根の下に集めるという奇跡をなしとげている。

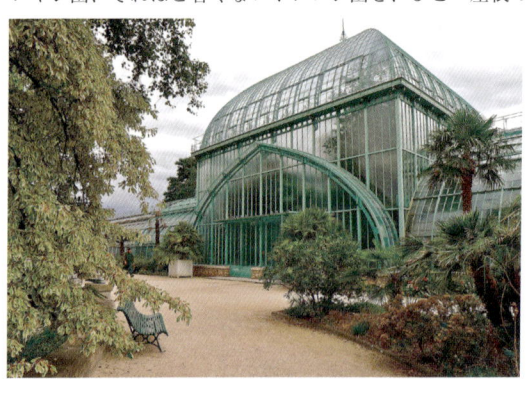

広大なブーローニュの森のなかにあるこの庭園は、魅力的でエレガントなオアシスだ。7ヘクタールの広さをもち、芝生や花壇やイギリス庭園などがある。でもほんとうの主役は、フランスにこれまでなかったような5つの温室だ。

1 bis, avenue Gordon-Bennett および 3, avenue de la Porte d'Auteuil, 16^e／地下鉄 Porte-d'Auteuil
年中無休

オートゥイユ＊ヌイイ＊パッシー

隠れたモダニティ
ル・コルビュジエ財団　Fondation Le Corbusier

　ドクトゥール・ブランシュ広場の奥に、シャルル・エドゥアール・ジャンヌレによって建てられた2つの邸宅がある。というより、ル・コルビュジエといった方が通りがいいだろう。8番地の方は兄のアルベール・ジャンヌレのために建てられ、10番地の方はバーゼルの銀行家ラウル・ラ・ロッシュのために建てられた。ジャンヌレ邸は、家族が暮らすためのつくりになっていて、音楽室もそなえていた。ラ・ロッシュ邸の方は、現代画家（ブラック、ピカソ、レジェなど）の膨大なコレクションを収蔵するためのものだった。ラ・ロッシュ邸は一般公開されている。邸内の立体感と色彩のバランスが見事だ。ジャンヌレ邸には図書館があって、予約すれば入館できる。

16区の住宅街には、有名な建築家ル・コルビュジエによって建てられた、ふたつの邸宅がある。ひとつは一般公開されている。もういっぽうには小さな図書館があるが、予約が必要となっている。

8および10, square du Docteur-Blanche, 16^e/地下鉄 Jasmin
01 42 88 75 72
fondationlecorbusier.asso.fr
日曜休館
入館料 8ユーロ　割引料金 5ユーロ

未確認建築物体
ルイ・ヴィトン財団美術館　Fondation Louis-Vuitton

　ここには、LVMHのオーナーであるベルナール・アルノーと、建築家のフランク・ゲーリーが出会ってから、2014年10月の落成式まで、実現に15年近くをかけた、とほうもない計画の歴史があった。その結果できあがったのが、ブーローニュの森の、アクリマタシオン公園にのりあげてしまったかのように見える、ガラスと鉄と木の大きな帆船だ。ぐるっとまわりをひとめぐりして、この建物の壮麗さを楽しもう。それからなかに入って、ホールや通路、階段やテラスの不思議な迷路に迷いこもう。そこには、現代アートの世界的コレクションがおさめられている。計画はみごとに実現した。

LVMHのCEOであるベルナール・アルノーと、建築家のフランク・ゲーリーが出会い、ブーローニュの森に停泊しているかのような、このガラスと鉄と木の巨大なヨットができあがった。ここには現代アートの世界的コレクションが展示されている。

8, avenue du Mahatma-Gandhi, 16^e/地下鉄 Les Sablons
01 40 69 96 00
fondationlouisvuitton.fr
火曜定休
入館料 14ユーロ　割引料金 10ユーロ

ある街角のパリジェンヌ

ラ・コンダミヌ通り
ダム通り
ノレ通り
ルジャンドル通り
ヴィリエ大通り
ルメルシエ通り
テルヌ大通り
バティニョル通り
ポンスレ通り

バティニョル

テルヌ

　パリの下町という雰囲気があるバティニョル地区。美しい教会と、昔から変わらない公園に見守られ、まるで都会の中にある村のよう。ここには、地元の人たちだけが通うような、ちょっとしたスポットがたくさんある。開放的なクリシー広場と、つつましやかな（少なくともそう見える）テルヌ大通りの間には、まだまだたくさん発見がありそうだ。

Do it in Parisのアプリやdoitinparis.comのサイトには、さらに多くのとっておきスポットが常時掲載されている。

とっておきのパリ

ショッピングをする
モード・美容

やさしく美をとりもどす
レ・プティ・ソワン　Les Petits Soins

　オ・プティ・ソワンは、おしゃれな雰囲気の中でハイクオリティのフェイスケアを受けられる、居心地のいいサロン。フランソワーズ・モリスの「キネプラスティ」（運動形成療法）はすぐに試してみるべき。あっという間にフェイスラインが引き締まって、顔の疲れも取れて、肌を輝かせてくれると評判だ。マニキュア（エッシーのネイルカラー）、脱毛、ボディケアもお好みで。ケアのあとには、自宅でも良い習慣を保てるように、エステティシャンが美容処方やパーソナルアドバイスもしてくれる。

気持ちよくケアしてもらいたいという人におすすめの美容サロン。左岸にある居心地のいいサロンで、肌を輝かせるキネプラスティや、いろいろなボディケアをぜひ試してみよう。

オ・プティ・ソワン
Aux petits soins
66, rue Vaugirard, 6^e/地下鉄　Rennes
01 42 22 23 01
auxpetitssoins.fr
日曜定休
姉妹店
パリには他に5店舗ある

バティニョル ＊テルヌ

家族でおしゃれにショッピング
シュペルフリュ　Superflu

　ついに、男性といっしょにショッピングが楽しめるスポットができた。だいたい男性は、あなたがあれこれ迷いながら買い物していると、待ちくたびれてどこかの椅子に座り込んでいたりするもの。でもこのコンセプトショップなら、だれでも自分のお気にいりを見つけることができる。あなたがかわいいアクセサリーや小物に目うつりしているあいだに、彼は革製品を買う気になっているかもしれない。部屋のインテリアになるステッカーやポスターを選んでもらうのもいい。口ひげ型のドアマットや、日曜に家にこもっているときのためのゲームといったインテリア雑貨なら、仲良く選べそうだ。ふたりの意見が合わないときは、店のオーナーのキャロリーヌとレアがいつでも相談にのってくれる。

男性といっしょのショッピングにぴったりのコンセプトショップ。かわいいアクセサリーや小物だけでなく、ポスターやステッカー、口ひげ型のドアマットのような愉快なインテリア雑貨、雨の日曜日のためのゲームなどもある。

77, rue Legendre, 17^e/
地下鉄 La Fourche
01 83 97 19 71
superflustore.fr　日・月曜定休

自分のスタイルを見つけよう
アンヌ・エ・マリオン
Anne et Marion

　おしゃれに装うためのインスピレーションを求める女の子たちが、大喜びしそうなマルチブランドショップ。このショップのコンセプトは、ベーシックなアイテムにすてきな小物（ネックレス、イヤリング、バッグなど）を組み合わせて、自分らしいファッションをつくるというもの。Senku、See U Soon、Anne et Marionなど、1万5千店から集められたアイテムを自由に組みあわせて、自分らしいユニークなスタイルをつくろう。

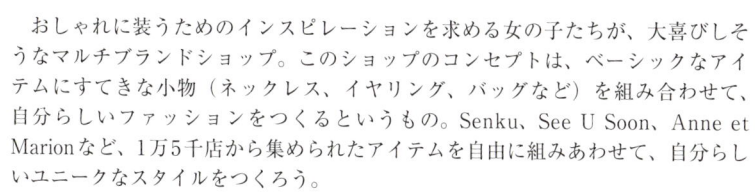

おしゃれに装うためのインスピレーションがえられそうな、トレンディなマルチブランドショップ。ベーシックスタイルに小物（ネックレス、イヤリング、バッグなど）を組み合わせて、自分らしいスタイルをつくるというのが、このショップのコンセプトだ。

58, rue des Dames, 17^e/地下鉄Place-de-Clichy
01 42 93 33 19
Facebook : Anne-et-Marion　日曜定休
姉妹店
178, rue de la Convention, 15e/地下鉄Convention

とっておきのパリ

ショッピングをする
インテリア

磨かれたセンスと色彩

イレーヌイレーヌ　IrèneIrène

「家族の家具をもたない人たちの家族がわり」というキャッチコピーがセンスの良さを感じさせる。このインテリアショップのオーナーは、デザインと現代アートを愛するふたりの女性、サラ・ゲージとエステル・ゴールドシュミット。大きな物置のような店内にはさまざまなヴィンテージ家具や現代の製品がならんでいる。がらくたの山のようにも見えるけれど、ほこりっぽくもないし、悪趣味でもない。どこかのおばあさんのアパルトマンという感じ。スカンディナヴィアの若いデザイナーたちのアトリエにも見えなくはない。価格帯は5ユーロから1000ユーロまでと幅広い。70年代モチーフのマグ、「Papier Tigre」のノート、スクビドゥ（カラフルなビニールの組紐）のチェア、さらにはイケアのマットレスを「シックにする」籐のベッドフレームなどがある。

レトロな家具や現代製品の掘り出し物が見つかる、ヴィンテージ感覚のインテリアショップ。スカンディナヴィアの若手デザイナーのアイテムや、かわいい小物など、どれも購入しやすい価格だ。

80, rue des Moines,
17e/地下鉄 Brochant
06 84 83 68 89
日・月曜定休

バティニョル ＊テルヌ

世界の製品
ル・ペスタクル・ド・マエルー　Le Pestacle de Maëlou

　子どもたちの部屋を全部イケアでそろえるなんて考えられない。そんな人はこのインテリアショップに行こう。ここでは、どのアイテムにもストーリーが感じられる。このショップの製品もあれば、人気デザイナーや小さな工房（おもにフランス国内）で作られたものもある。「持続可能な開発」の認定を受けたものや、良質な素材で作られたものなので、若いママたちも安心だ。家具はもちろん、リネン類やカラフルな食器、愉快な小物もそろっている。

子どもたちのために必要なものがなんでも見つかるショップ。キッズサイズの家具やリネン、たくさんのかわいい小物がそろっている。

92, rue Legendre, 17^e/
地下鉄 La Fourche
01 83 95 92 20
lepestacledemaelou.com
日曜定休

小さな幸せがあふれる洞窟
フレンチ・トゥーシュ　French Touche

　ありふれていないもの。粗悪品でないもの。大量生産品でないもの。この店に置かれるのは信頼のおけるクリエーターたちが少量生産した製品だけだ。たとえばジュリア・ウトーのコーヒーカップ、Becky from UKのクッション、Georges et Rosalieの携帯用ミラーなどがならべられている。

セラミックのコーヒーカップ、クッション、携帯用ミラー。この店に置かれているのはすべて、信頼のおけるデザイナーたちが少量生産したユニークなアイテムばかりだ。

90, rue Legendre, 17e/地下鉄 La Fourche
01 42 63 31 36
frenchtouche.com
日・月曜定休

とっておきのパリ

ひと休みする
グルメ

歩道でナンパ
カフェ・ダダ Café Dada

たぶんテルヌ通りでもっともはやっているカフェバーのひとつ。有名なマルシェ・ポンスレのすぐ近くにあるので、アペロの時間になると、ツイッギーみたいな女の子たちや、スーツ姿の男性たちがやってくる。テーブルを外に出して歩道でビールを飲んだり、狭いカウンターでモヒートを飲んだりしている。買い物のあいまにクロックムッシュや、ブラッスリー風の軽食をほおばるのも悪くない。「アフターワーク」の時間はたいてい満席になってしまうのでご注意を。

有名なポンスレ市場の近くにある、この界隈で最も人気のカフェ。お酒を飲んだり、軽い食事をとったりするのもいいし、道行く人をただ眺めているのもいい。

12, avenue des Ternes, 17ᵉ/地下鉄 Ternes
01 43 80 60 12
年中無休

バティニョル *テルヌ

日出ずる国の料理
ビオティフル　Biotiful

挑発的なインテリア（超特大サイズのアンティークなバーカウンター、壁にはカラータイルやたくさんの鏡、スカンディナヴィア風のテーブルや椅子）が目をひく、この界隈にはこれまでなかった、洗練されたレストランだ。サン・ルイ島の星つきレストラン「セルジャン・ルクリュトゥール」でセカンドシェフをつとめた、才能ある若い日本人シェフ、シンジョウ・ヒロユキ（新城啓之）が、このレストランの厨房にやってきた。そして高級日本料理をイメージさせるフランス料理を毎日つくっている。繊細なクレーム・ド・ポティロン（カボチャのポタージュ）、プレ・フリット、ファルシ・ア・ラ・リコッタ、オ・バジリク・エ・ア・ラ・トマト、シャプリュール・パンコ（バジルとトマトとリコッタを詰めたチキンカツ）、フィレ・ド・カビヨー・シュル・リゾット・ア・ランクル・ド・セッシュ（タラの切り身をのせたイカ墨リゾット）、タルト・オ・カキ（柿のタルト）がテーブルにならぶ。星つきレストランなみの料理をリーズナブルに味わえるのがうれしい。

挑発的なインテリアが特徴の、今までこの界隈にはなかったような洗練されたレストラン。才能ある若いシェフ、新城啓之が毎日つくる日本料理風のフランス料理を、リーズナブルな値段で味わえる。

18, rue Biot, 17ᵉ/地下鉄 Place-de-Clichy
09 80 87 32 75
Facebook : biotifulbatignolles
日・月曜定休

ヨードたっぷり！
アタオ　Atao

「アタオ」（ブルトン語で"永遠"という意味）は海産物レストラン。オーナーのローランス・マエオはブルターニュ地方にあるモルビアン湾のカキ養殖業者だ。ヨードたっぷりの最高のカキ（ガヴリニス島産をぜひ食べてみて）や、大きな巻貝ビュロのほかに、テナガエビなども扱っている。持ち帰って家で食べることもできるし、店内で食べることもできる。焼きたてパンと薄塩バターと白ワインをそえて、青と白を基調にした漁師小屋のようなお店で食べていると、なんだか波の音が聞こえてきそうだ。

新鮮なブルターニュのシーフードが食べられる、風通しの良いレストラン。波の音まで聞こえてきそうだ。

86, rue Lemercier, 17ᵉ/地下鉄 Brochant
01 46 27 81 12　月曜定休

とっておきのパリ

ショッピングをする
グルメ

ブランチの王様
アシッド・マカロン　Acide Macaron

　達人シェフパティシエが特別サービス価格でつくってくれる、夢のような「フランス風」ブランチがあればいいのにとお思いだろうか。それがあるのだ。「プラザ・アテネ」のシェフパティシエ、クリストフ・ミシャラクとならび称されるほどのスイーツの第一人者、ジョナタン・ブロがつくる極上のブランチだ。「不思議の国のアリス」のようなインテリアとケーキのあるすてきなサロン・ド・テで、日曜日ごとに、バラエティに富んだスイーツや料理を提供してくれる。自家製食パンにライム風味のチキンをはさんでパン粉をまぶして揚げた、やみつきになりそうなクロック・ムッシューや、おいしいチーズケーキは、きっとお気に召すだろう。くだいたマカロンをまぶしたアーモンドクロワッサンや、軽めのドーナツを、パティスリーの持ち帰り用カウンターで買いだめしていくという手もある。

完璧なフレンチスタイルのブランチをしたいなら、シェフパティシエのジョナタン・ブロの、「不思議の国のアリス」のようなサロン・ド・テに行こう。店内でおいしいチーズケーキを食べるのもいいし、アーモンドクロワッサンや軽めのドーナツを買って帰るのもいい。

24, rue des Moines, 17ᵉ/
地下鉄 Brochant
01 42 61 60 61
acidemacaron.com
年中無休

バティニョル ＊テルヌ

黒い森をさ迷ってみよう
カフェハウス　Kaffeehaus

　ポンスレ通りはグルメの激戦区。だから、ドイツや東欧のスイーツが食べられるパティスリーにすぐに駆けつけよう。あっさりしてクリーミーなフォレ・ノワール（黒い森という意味）、リンゴのシュトゥルーデル（薄い生地で巻いた菓子）、フランボワーズのリンツァートルテ、ザッハトルテ。香り高い紅茶やコーヒーとともにいただこう。2階に上がると、本日のメニューとして、グーラッシュシチューなど、典型的なドイツ・東欧料理が味わえる。

シュトゥルーデル、リンツァートルテ、ザッハトルテなど、本格的なドイツや東欧のケーキがならぶパティスリーショップ。店内で紅茶といっしょに味わうこともできるし、持ち帰ることもできる。

11, rue Poncelet, 17^e/地下鉄 Ternes
Kaffeehaus-paris.fr
月曜定休

わがうるわしの郷土
メゾン・プー　Maison Pou

　この人気惣菜店は、1830年からフランス各地の特産品でこの界隈のグルメたちを喜ばせている。豚レバーのパテ（2014年に金メダル）はもちろん、チーズを使ったグジェール、新鮮なグレープフルーツのカクテル、鶏のヴォ・ロ・ヴァンなどがある。義理の両親や、グルメな彼もきっと気に入るだろう。パティスリーもあるので、こちらもぜひ寄ってみたい。クリーミーなパリ・ブレストや、サクサクふわふわのマカロン・フランボワーズ。伝統も悪くないなって思うはず。

1830年からこの界隈一の惣菜店とみなされてきた老舗には、フランス各地の特産品やお菓子がそろっている。故郷の特産品を買っていってあげたら、お義母さんもきっと喜んでくれるはず。

16, avenue des Ternes, 17^e/地下鉄 Ternes
01 43 80 19 24
maisonpou.com
日曜定休

とっておきのパリ

発見する
カルチャー

写真を飾る美しいフレーム
ル・バル　Le Bal

　ドキュメンタリー写真を展示する、このインディペンデント・ギャラリーを創設したのは、写真家レイモン・ドゥパルドンが主宰するアソシアシオン・デ・ザミ・ド・マグナムだ。クリシー広場のほど近くにある「ル・バル」は、もとはダンスホールだった。現在は、多くの人たちに写真に親しんでもらおうと、写真展や討論会、対談、ワークショップなどの活動を行なっている。イギリス式のレストランも併設していて、クリシー広場の喧騒から逃れてデートをするには、うってつけの場所となっている。

クリシー広場の近くにあるダンスホールを改装した、ドキュメンタリー写真のためのインディペンデント・ギャラリー。討論会や写真展やワークショップを開催している。すてきなレストランもぜひ訪れてみたい。

6, impasse de la Defense, 18e/地下鉄 Place-de-Clichy
01 44 70 75 50
le-bal.fr
月・火曜定休
入館無料

バティニョル *テルヌ

ある視点
ル・シネマ・デ・シネアスト
Le Cinéma des Cinéastes

　文化の多様性を主張して、あらゆるジャンルの映画を上映している、いっぷう変わった映画館だ（エッフェルが設計した鉄筋構造もお見のがしなく）。短編映画の上映会や試写会のほか、フランスでの認知度が低い国や地域（ケベック、イスラエル、ギリシア、メキシコなど）の作品もふくめた、各国の映画を上映するフェスティバルも開催している。子どもたちもここでは未来の映画ファンとみなされて、短編の上映会や、おやつ付きの上映会などで、感性をみがいている。ワインの飲める素晴らしいビストロは年中無休だ。

エッフェルが設計しためずらしい鉄筋構造で注目を集めている映画館。短編映画の上映会や試写会のほか、外国映画の上映も行なわれている。

7, avenue de Clichy, 17e/地下鉄 Place-de-Clichy
01 53 42 40 20
cinema-des-cineastes.fr

年中無休

アジア芸術の宝石箱
チェルヌスキ美術館　Musée Cernuschi

　優雅なモンソー公園のはずれにある瀟洒な邸宅が、浮世ばなれした美術館になっている。チェルヌスキ美術館のコレクション（今ではパリ市の所有となっている）は、中国やベトナム、韓国、日本といったアジアの国々の傑作を所蔵している。日本の遊女が化粧している姿を描いた浮世絵や仏像、中国の発掘現場から運ばれてきた兵士の石像、金色の木製枕などがある。月に一度の日曜日に、学芸員が非公開収蔵品の中から1点を取り上げて、説明してくれる。

歴史あるモンソー公園にたたずむ邸宅が、チェルヌスキ美術館となっている。中国やベトナム、韓国、日本の傑作がたくさんあり、その中には仏像や兵士の石像や金色の木製枕などがある。

7, avenue Velasquez, 8^e/地下鉄 Villiers
01 53 96 21 50
cernuschi.paris.fr
月曜定休
常設展は入館無料

ある街角のパリジェンヌ

ブランシュ広場
アベス通り
ジョセフ・ド・メーストル通り
キュスティヌ通り
ルピック通り
コーランクール通り
ラマルク通り

モンマルトルの丘

モンマルトルの丘といえば、階段、石畳、ブドウ畑、ひっそりと村のなごりを残す家々。サン・ピエール市場には布地を買い求める人たちがいて、アベス広場にはボボたちの姿がある。ここにあこがれる人もいれば、嫌う人も、楽しむ人もいる…。でも、観光地化した場所から離れてみると、モンマルトルには、誠実な店、おいしい店がたくさんあることに気づく。だから、頂上に向かって歩いてみよう！

Do it in Parisのアプリやdoitinparis.comのサイトには、さらに多くのとっておきスポットが常時掲載されている。

とっておきのパリ

ショッピングをする
モード・美容

フェミニンなショップ
プティット・マンディゴット　La Petite Mendigote

　シックなアイテムを求めるファッショナブルな女性なら、アベス地区の中心にあるこのブティックがきっと気に入るはず。サロンのような雰囲気のすてきな店内に、シビル・ロジェ＝ヴァスランがデザインしたバッグ、革製の小物、靴、アクセサリーなど、今ではすっかり有名になったフェミニンなコレクションがならんでいる。すぐにブティックに駆けつけて、レザーのハンドバッグや、ビーズの刺繍があしらわれたポシェットを手に入れよう。メッセージ入りのポーチや、すてきなバレエシューズもあって、どれもこれも欲しくなってしまう！

おしゃれに敏感な人たちは、アベス地区にあるこのブティックが大好き。バッグや革製品、靴やアクセサリーがとってもカワイイ。

1, rue des Abbesses, 18^e/地下鉄 Abbesses
01 42 64 71 32
petitemendigote.fr
年中無休
姉妹店
23, rue du Dragon, 6e/地下鉄 Saint-Sulpice
日曜定休
3, rue Guichard, 16e/地下鉄 La Muette
日曜定休

花咲くヤングガールたち
ペーパードールズ　Paperdolls

　若いイギリス人女性、キャンディ・ミラーが開いたユニークなセレクトショップ。アパルトマンの1室のようなつくりになっていて、浴室、キッチン、寝室、ドレッシングルームと、好きなように見てまわるというしくみ。部屋ごとにそれぞれの世界ができあがっている。クリエーターブランドはEllips、Laéma、Karine Jean、Lisa Pearl、Louise et Joséphine、Rosa Tapiocaなど。どれもフェミニンでロマンティックな服やアクセサリーだ。インテリアはまるで「不思議の国のアリス」の世界にいるかのよう。ヘッドランプがさかさまに置かれ、天井から椅子がぶらさがり、浴槽がベンチがわりになっている。詩的でちょっとレトロなショップは、日本の女の子たちをとりこにしている。

アパルトマンの1室のような、キャンディ・ミラーのブティック。部屋ごとに異なる世界がある。さかさまのインテリアの部屋をひとまわりして、ロマンティックでフェミニンな洋服が選べる。

5, rue Houdon, 18e/地下鉄 Abbesses
01 42 51 29 87
paperdolls.fr
年中無休

すべて売り物
レッカー　Lekker

　アベスの高台にある、ギャラリーと古物商とレストランもかねたこのブティックでは、すべてが売り物だ。刺繍がほどこされたトレーナー、グラフィカルでカラフルなイヤリング、チャーミングなドレス…。どれも、ほかでは手に入らない小さなブランドのアイテムばかりだ。置いてある家具や、カフェコーナーの食器、3カ月ごとに入れかえられるアート作品も、買うことができる。「レッカー」というのはオランダ語で「気持ちがいい」という意味。その言葉どおりの店だ。

ギャラリーと古物商とレストランをかねたこのブティックでは、トレーナーやイヤリングやドレス、家具やカフェの食器、展示されているアーティストの作品も、すべて売り物だ。

35, rue des Trois-Frères, 18e/地下鉄 Abbesses
lekker.fr
月曜定休

とっておきのパリ

ショッピングをする
インテリア

みごとなブーケ
メメ・ダン・レゾルティ　Mémé dans les Orties

　青緑色の外観にセメントタイルの床、あたたかみのある石壁、そしていたるところに繊細な花や植物があふれるフラワーショップ。独創的で気どりのないアレンジメントを得意とする、パリの人気フローリスト、パトリシアとヴァランティーヌが、笑顔でむかえてくれる。どの季節にも、センスとユーモアで新鮮な驚きを感じさせてくれるのが、メメ・ダン・レゾルティの大きな魅力だ。ブーケの定期予約もできる。プレゼント、それとも自分にごほうび？

おおらかで独創的なアレンジメントを得意とするパリの人気フローリスト、パトリシアとヴァランティーヌのフラワーショップ。タイル敷きの楽しい雰囲気のショップに行ってみよう。自宅用やプレゼント用に、ブーケの定期予約もできる。

12, rue Ramey, 18e/地下鉄　Barbès-Rochechouart または Château-Rouge
09 72 43 14 37
memedanslesorties.tumblr.com

モンマルトルの丘

ハイセンスなリサイクル
ローズ・バンカー　Rose Bunker

　リサイクルをきわめるとヒッピーにいきつく？ ローズ・バンカーは、ポップでロックでサイケデリック。遊び心とレトロとリサイクルの王国だ。このリサイクルショップでは、自転車のチェーンが栓抜きやフォトフレームに、チューブがスタイリッシュなバッグに、ドラム缶がおしゃれにデザインされたローテーブルに変身している。ハイセンスなリサイクルショップ、ローズ・バンカーがやろうとしているのは、いらなくなったもの、捨てられたものに、あらたな形と役割をあたえること。ヴィンテージものや、厳選された服もあるので、掘り出し物を見つけにいこう。

遊び心いっぱいのレトロワールドへようこそ。厳選されたヴィンテージものや服だけでなく、ハイセンスなリサイクルによって生まれ変わったものもならんでいる。ぜひ行ってみよう。

10, rue Aristide-Bruant, 18e／地下鉄 Abbesses
01 42 57 90 62
rose-bunker.fr
年中無休

アトランダム
トンベ・デュ・カミオン
Tombées du Camion

　演出のセンス抜群の元ブロカント（古道具屋）がいとなむ、楽しい雑貨屋。子熊の顔をかたどった南京錠、ミニチュアのシトロエン2CV、色とりどりのビーズ、タトゥーシールなど、見つかるとは思ってもいなかったようなものが、ここにはそろっている。型落ち品、ファンシーなアクセサリー、工場のストック、手芸小物、1世紀前のおもちゃ…。こども部屋を元気いっぱいにするアイテムが、どれもわずかな価格で買える。

古道具屋だったオーナーが営む、楽しい雑貨屋。ファンシーなアクセサリー、手芸小物、ビンテージのおもちゃなど、ついつい欲しくなってしてしまいそう。しかも、ミニプライスだ。

417, rue Joseph-de-Maistre, 18e／地下鉄 Blanche
09 81 21 62 80
tombeesducamion.com
年中無休

とっておきのパリ

モティーフのアート
メゾン・バヤ　Maison Bahya

　おきまりのメトロタイルや、ホームセンターのありふれた陶器にかわるものを探しているなら、モンマルトルの中心にある、このショールームに予約をいれよう。そうすれば、広告関係の仕事から転身したオーナーのカロリーヌと、セメントタイルへの情熱を分かちあうことができる。タイルはすべてモロッコ製。洗練された幾何学模様のモティーフは、伝統を受けつぎながらもモダンで、何十種類もあるから、選ぶのに苦労するほどだ。なかでも、淡緑色やブルーグレーのタイルに心がひかれる。絵心のある人なら、自分でモティーフを描いて、オーダーメイドのタイルをつくってもらうこともできる。

このモンマルトルのショールームには、たくさんの美しいタイルがある。ここから選ぶのはたいへんなので、広告業界のエグゼクティブだった、オーナーのカロリーヌに予約をいれておこう。オーダーメイドのタイルをつくることもできる。

16, rue Paul-Albert 18ᵉ／地下鉄 Chateau-Rouge
06 12 35 07 45
bahya-deco.com
予約のみ

モンマルトルの丘

ひと休みする
グルメ

ゴージャスな若者たち
ブラッスリー・バルベス　Brasserie Barbès

　日光浴をするためのデッキチェア、カクテルバー、喫煙のできるサンルームテラス、ディナーのあと音楽にあわせて楽しく踊りまくるためのダンスルーム…。4つのフロアからなる、ボボ（ブルジョワ・ボヘミアン）風に洗練されたブラッスリーは、パリのお祭りさわぎの伝統を復活させた。おすすめは、ブルゴーニュ産エスカルゴ、熟成チェダーチーズのチーズバーガー、プレ・フリット（チキンとフライドポテト）。朝食や日曜のブランチもすばらしい。順番待ちの行列のおかげで、この店のことを知らなかった人たちも、この界隈の雰囲気を味わうことができそうだ。

このボボ風に洗練されたホットスポットは、4つのフロアにカクテルバー、ダンスルーム、サンルームテラスなど、盛りだくさんだ。もちろん料理も絶品。日曜のブランチがおすすめだけれど、行列は覚悟して！

2, boulevard Barbès, 18e/地下鉄 Barbès-Rochechouart
01 42 64 52 23
brasseriebarbes.com
年中無休

とっておきのパリ

常時停車駅
ラ・ルシクルリ　La Recyclerie

　かつてのオルナノ駅に足をふみいれると、ベルリンにでも着いたかのような気分になる。でも、建物の下にしかれたレールはもう使われてはいない。それは廃線となった環状鉄道のレールだ。熱心な沿線住民の団体が、数年前に再開発を行なった。「ラ・ルシクルリ」はジャンル分けのできない興味深い施設だ。駅舎あとの両脇には都会風農場とリサイクルのアトリエがあり、かつてのコンコースは、カフェ・レストランとなっている。そこでは、地元の産物をつかったおいしい料理が食べられる。週末のブランチにはベジタリアン向けや、お子さまランチもある。

駅舎跡にできたカフェ・レストランでは、地元の産物をつかった料理が食べられる。ベジタリアン向けや、お子さまランチもある週末のブランチがおすすめ。

83, boulevard d'Ornano, 18^e/地下鉄 Porte-de-Clignancourt
01 42 57 58 49　　　larecyclerie.com

ヤミィー！
マルセル　Marcel

　外観はインダストリアル風の、もともとはブーランジュリーだったレストラン。ウィークデーには、まあまあのフィッシュ・アンド・チップスとサラダと飲物を出している。このあたりはモンマルトルの丘でもあまり目だたない場所で食事どころも少ないから、それなりに喜ばれている。ところが日曜日になるとようすが一変。パリで最高においしいアメリカンスタイルのブランチが食べられる店になる。メニューは、スクランブルエッグ、メープルシロップをかけたふわふわのパンケーキ、サーモンのベーグル、クリームをそえたスコーン、シェアできるワッフルもおいしい。

もとはパン店だったレストラン。ウィークデーにはまあまあのフィッシュ・アンド・チップスなどを出しているが、日曜日になると、パリで最もおいしいアメリカンブランチの店に変身する。

1, villa Léandre, 18e/地下鉄　Lamarck-caulaincourt
01 46 06 04 04　年中無休
姉妹店
22, rue Montmartre, 1er/地下鉄 Étienne-Marcel/
01 40 13 04 04
15, rue de Babylone,7e/地下鉄 Sèvres-babylone/
01 42 22 62 62

モンマルトルの丘

だれにも教えないで…

モンマルトルの中心にある「オテル・パルティキュリエ」内の、シックでくつろいだ雰囲気のバーラウンジ。都会の喧騒を忘れて、マティーニやアメリカーノといったカクテルを味わえる。パリでも指折りのバーマンであるデヴィッドが、忘れられていた昔のカクテルを、シェーカーでよみがえらせてくれる。夏の夜には、カクテルグラスを片手に庭に出て、とびきりのプライベートな夜を楽しもう。

モンマルトルの中心部にある邸宅を改装したホテルのバーは、くつろいだ雰囲気。夏の夜にお酒を楽しむには最高の場所だ。

ル・トレ・パルティキュリエ
Le Très Particulier
23, avenue Junot, 18e/
地下鉄 Lamarck-Caulaincourt
01 53 41 81 40
hotel-particulier-montmartre.com
月曜定休

とっておきのパリ

ショッピングをする
グルメ

インテリでグルメ
フロマージュ・エ・ラマージュ
Fromages et Ramage

　「フロマージュ・エ・ラマージュ」はチーズとワインと食材の店。元ジャーナリストのジャン＝ダニエル・ヴィヴェスと、チーズ商(フロマジェ)のクリスチャン・リマという、おいしいものに目がない30歳のふたりがセレクトしたものがならんでいる。店内には革張りの肘掛いすや優雅な飾り棚があって、チーズ店というよりはシックな骨董店のよう。なぜか本や雑誌まで売られている。オーナーのふたりは、その日の気分でエレクトロやポップのBGMを流し、公開されたばかりの映画の話をしたくてうずうずしている。

シックなヴィンテージショップのような雰囲気のチーズ店。オーナーのふたりが、これはと思った食材を提供している。

22, rue Ramey, 18e/
地下鉄 Château-Rouge
01 42 23 42 59
年中無休

昔ながらのおいしいお菓子
レ・プティ・ミトロン　Les Petits Mitrons

　街のお菓子屋さんのカラフルなウインドーをのぞいてみると、そこにあるのは、ふっくらとした柔らかいヴィエノワズリ。チョコレートがたっぷりのクッキー、軽くカラメリゼしたフルーツタルト（洋梨とチョコレート、柑橘類、ルバーブと赤い果物、桃、アプリコット、クエッチなど）もならんでいる。それから、子どものころに食べたおやつを思い出すような、素朴なお菓子もある。ときにはちょっと無愛想に迎えられるときもあるけれど、子どもみたいにおじけづかないで。子どものころにもどれるところなんて、そうそうないのだから。

子どものころにもどったような気分が味わえる、カラフルなショーウインドーのケーキ店。クッキーから砂糖漬けの果物まで、なつかしい味に出合えそう。

26, rue Lepic, 18ᵉ/地下鉄　Blanche
01 46 06 10 29
lespetitsmitrons.fr　水曜定休

ブリオッシュのカフェ
ロール　Rroll

　ひとつのものにこだわる飲食店の中でも「ロール」は断トツの人気。スカンディナヴィア発祥の、エスカルゴの形をしたブリオッシュ生地の小さなパンに、オーナーのカミーユがアレンジをくわえて売り出したのが、このカフェの始まり。砂糖味（リンゴ、アプリコット、バナナチョコ、ペカンの実、メープル、シナモン）と、塩味（ハムとオニオン、オイル漬けトマトとオリーブ、シェーヴルとペスト、ロックフォールなど）がある。バラエティに富んでいて、小腹がすいたときにもぴったり。テイクアウトもいいけれど、花柄のお皿に載ったロールにオーガニックの紅茶をそえて、フォーマイカ製のテーブルでティータイムというのも楽しい。

"keep them rrolling"、この店のファンならそう言うにちがいない。カミーユがはじめたこのカフェでは、スカンディナヴィア発祥の、エスカルゴ型のおいしいブリオッシュ生地のパンが食べられる。スイートタイプとソルティタイプがあって、その場でオーガニックティーといっしょに味わうこともできるし、テイクアウトもできる。

21, rue Custine, 18ᵉ/地下鉄 Château-Rouge
01 42 51 39 83　rroll.fr　月・火曜定休

わくわくするベーカリー
ブーランジュリー・バイ・ゴントラン・シェリエ
Boulangerie by Gontran Cherrier

　パリでいちばんわくわくさせてくれるブーランジュリー。パリで（フランスで、いや世界で！）いちばんハンサムなパン職人が営むこのパン店は、人気の建築家フランツ・ポティセックが設計を担当。今やおいしいパンの殿堂となっている。父も祖父もパン職人だったというゴントランは、世界のパン（オリーブ・レモン・ローズマリーをそえたヒヨコ豆粉のパン、サーディン・レーズン・松の実をそえたトウモロコシ粉のパン、カレー粉やシリアルのパン）のほか、フランスの伝統的なパン、フォカッチャ、塩味と砂糖味のタルトなども作っている。おやつには絶品の、ヌテラのタルティーヌを召し上がれ。

ハンサムなゴントランが営むトレンディで大人気のパン店は、おいしいパンの殿堂となっている。世界中のパンが買える。ヌテラのタルティーヌは絶品。ぜひお試しあれ。

22, rue Caulaincourt, 18ᵉ/地下鉄 Lamarck-Caulaincourt
01 46 06 82 66
gontrancherrierboulanger.com　水曜定休
姉妹店
8, rue Juliette-Lamber, 17ᵉ/地下鉄 Péreire
01 40 54 72 60　水曜定休

発見する
カルチャー

村の記憶
モンマルトル博物館　Musée de Montmartre

　モンマルトルの散策がてら立ち寄るのにちょうどいい美しい博物館。しばらく閉館の危機にさらされていたが、無事存続が決まった。モンマルトルの丘で最も古い家のひとつであるこの邸宅は、モリエール役者のロジモンが所有していたもの。その後、ルノワールやユトリロのアトリエともなった。博物館の膨大なコレクションは、1860年にパリに併合されたモンマルトルの歴史をよく伝えている。建物の裏にある広大な庭で、ゆっくりと時間を過ごすこともできる、まさに安らぎの場だ。

モンマルトルの丘で最も古い家のひとつで、ルノワールやユトリロのアトリエとしても使われていたこの博物館は、1860年にパリに併合されたこの地区の歴史を伝えるコレクションを展示している。

12/14 rue Cortot, 18^e/地下鉄 Lamarck-Caulaincourt
01 49 25 89 39
museedemontmartre.fr
年中無休
入館料　9.5ユーロ
割引料金 7.5ユーロ

モンマルトルの丘

とっておきのパリ

© ALAIN POTIGNON

レトロな映画館
ステュディオ・ヴァンチュイット
Studio 28

　1928年の創業当時は、ジャン・コクトー、アベル・ガンス、ルイ・ブリュニエルなどのアヴァンギャルドな映画を上映していた映画館。現在は、週に10本の映画を上映し、試写会も行なわれる街の映画館となっている。上映室には最新の映写機が装備されているが、往時の魅力も残っている。それはなんといってもコクトーの舞台装置のおかげだ。コクトーは、「傑作の映画館、映画館の傑作」だと言っていた。気持ちのいいサンルームテラスで、上映の前やあとに軽くお酒を飲みたいものだ。

もともとはアヴァンギャルドの映画館だった、古風で趣のある街の映画館。ジャン・コクトーによる装飾もほどこされていて、映画ファンにとっては思いがけない掘り出し物のような映画館だ。上映の前後に軽くお酒を飲むこともできる。

10, rue Tholozé, 18e/地下鉄 Abbesses
01 46 06 36 07
cinema-studio28.fr

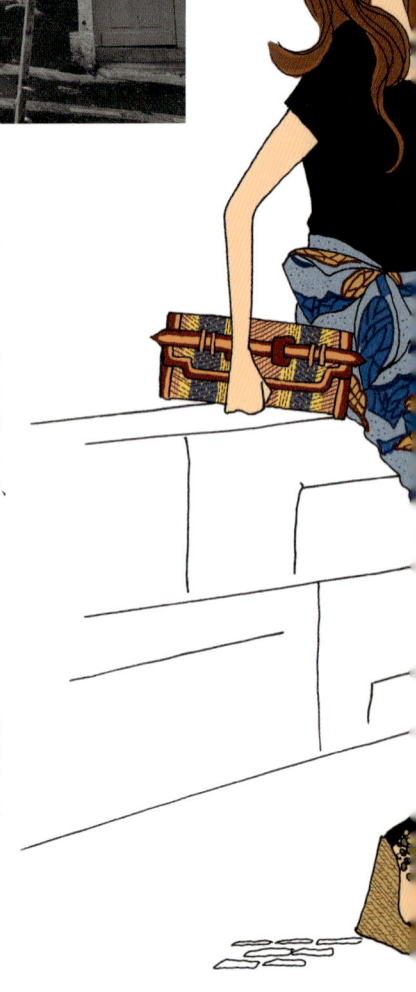

モンマルトルの丘

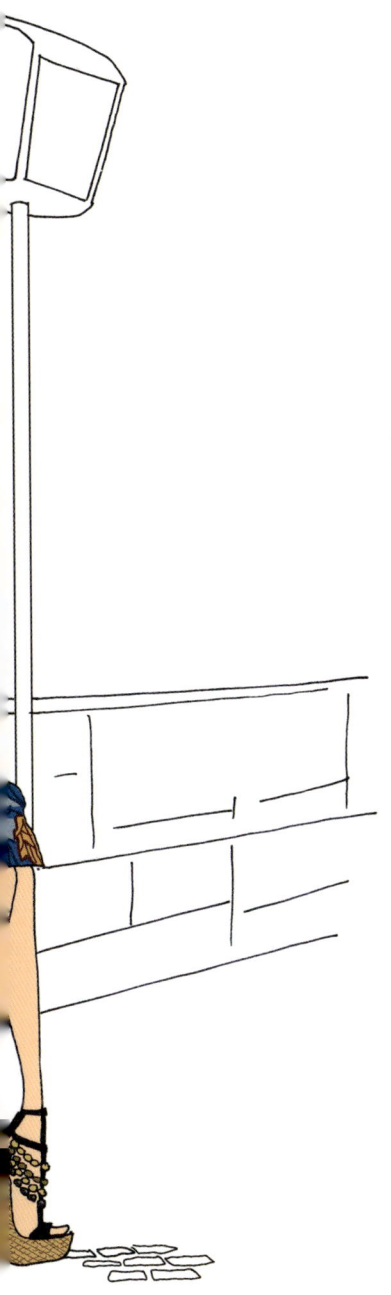

パリのエデンの園
ジャルダン・ソヴァージュ・サン＝ヴァンサン
Jardin sauvage Saint-Vincent

　さあ五感をとぎすまそう。なぜならここでは、パリのどこにもないようなものが見られて、聞こえて、香ってくるから。50年以上手つかずだった土地が、1980年代に公園となったが、植生は自然のままになっている。ガイドといっしょに見物するための最小限の施設以外は、人の手が入っていないのだ。この場所を住みかとする昆虫や小さな哺乳類や鳥たちは、きっとここをパラダイスだと思っているだろう。入園はガイドツアーのみとなっているのでご注意を。

長いあいだ不毛の土地だった秘密の園が、1980年代に公園として認められた。自然愛好家たちは、この地上の楽園のひとすみで休息したり、ガイドツアーを楽しんだりしている。

14, rue Saint-Vincent, 18^e/
地下鉄 Lamarck-Caulaincourt

© MAIRIE DE PARIS

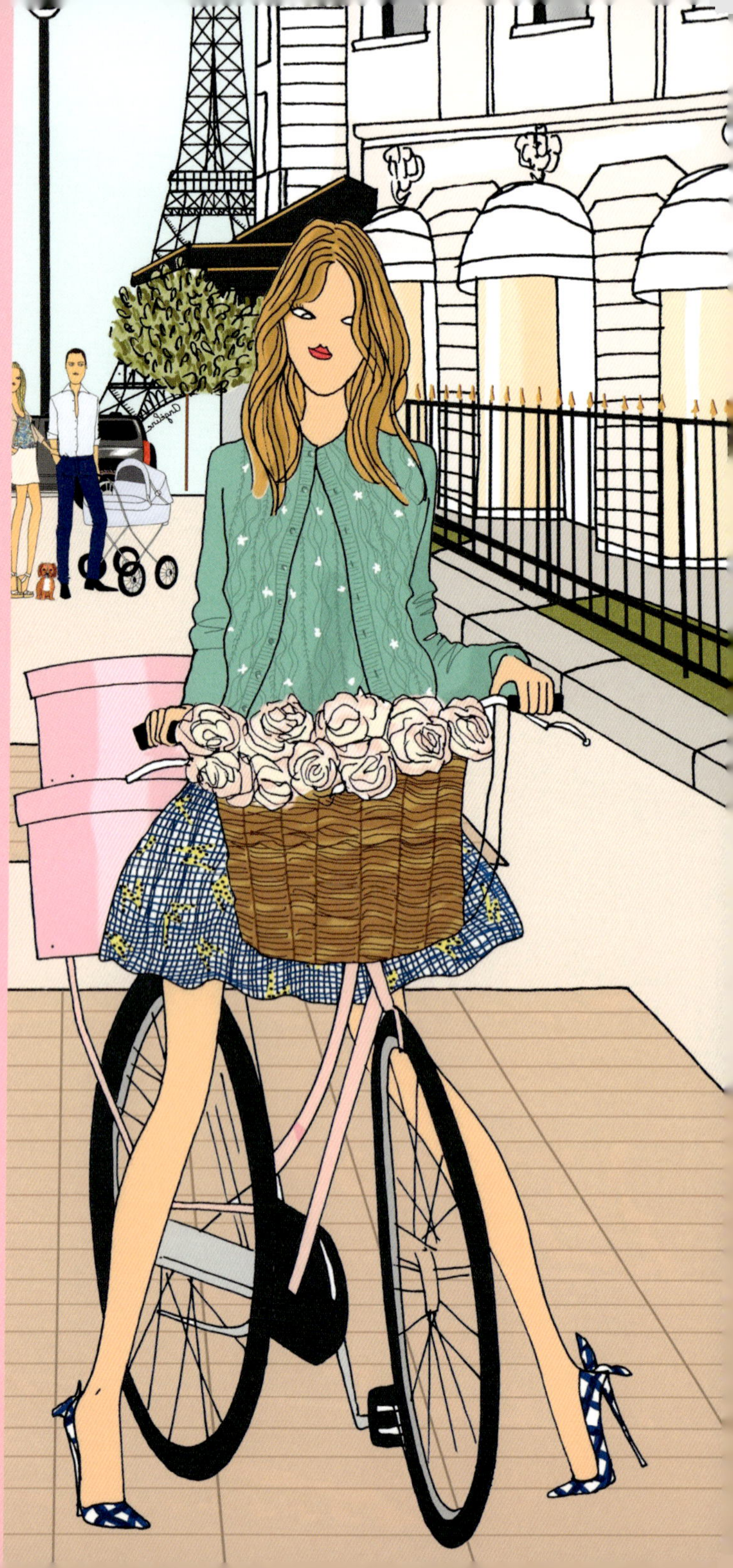

索引

アイルランド文化センター……………… 61
アーエム・ペーエム……………………… 68
アシッド・マカロン………………………182
アスティエ・ド・ヴィラット……………… 11
アタオ………………………………………181
アーツ・ファクトリー……………………137
アー・テ・エル・エフ……………………164
アトリエ・キディモ……………………… 24
アトリエ・グリーン・ファクトリー…109
アトリエ・コローニュ…………………… 10
アドレナリーヌ・ヴァンタージュ…… 51
アンジェリーナ…………………………… 66
アン・ジュール・ア・ペラソル………… 13
アンスティテュ・スエドワ……………… 47
アン・セル・マルセル…………………… 25
アンド・アザー・ストーリーズ………… 9
アンヌ・ウィリ……………………………135
アンヌ・エ・マリオン……………………177
アンリ＝カルティエ・ブレッソン財団
　……………………………………………159
イヴ・グラタ………………………………121
イエール・プール・ドゥマン………… 39
イクバ………………………………………123
イネス・ド・ラ・フレサンジュ……… 67
イレーヌイレーヌ…………………………178
インド街……………………………………117
ヴァンヴの蚤の市………………………150
ウノステリア……………………………… 57
ヴラン………………………………………115
エヴィ・エヴァンヌ……………………… 56
エキュム・サントノレ…………………… 17
エクスペリメンタル・カクテルクラブ
　……………………………………………… 28
エム・ペー・サミー………………………151
エルボリストリ・デュ・パレ・ロワイヤル
　………………………………………………… 9
オーギュスタン……………………………153
オデオン＝テアトル・ド・ルロップ… 61
オートウイユ温室庭園…………………172
オ・プレ…………………………………… 70
オー・マイ・クリーム！………………… 64
オ・メルヴェイユ・ド・フレド………171

カーヴ・ア・コクテール………………… 30

カトリーヌ＝ラブレ公園……………… 75
ガブ＆ジョー……………………………… 54
カフェ・アールキュリアル……………… 84
カフェ・ダダ………………………………180
カフェテリア・デュ・プティ・パレ… 84
カフェ・ド・ラ・ダンス…………………145
カフェハウス………………………………183
カフェ・マルレット……………………… 96
カプシーヌ…………………………………138
カラヴァーヌ………………………………137
ガリエラ宮………………………………… 89
カルーシュ…………………………………122
カルティエ現代美術財団………………159
カレット…………………………………… 44
キャトルオム……………………………… 73
ギャルリー・ド・ロペラ・ド・パリ… 92
ギュスターヴ・モロー美術館…………102
餃子バー…………………………………… 98
キリエ・エレイソン……………………… 50
国虎屋2…………………………………… 14
クラウス…………………………………… 15
クルン・テップ……………………………126
グレーズド………………………………… 99
コオペラティーヴァ・ラッテ・
　チステルニーノ………………………… 59
コース………………………………………100
コレット…………………………………… 8
コントワール・リシャール…………… 70

ザ・コレクション………………………… 38
ザ・サンケン・チップ……………………111
サジュー…………………………………… 23
ザッキン美術館…………………………… 74
ザンク・ド・フルール…………………… 53
サン＝ジル＝グラン＝ヴヌール庭園… 46
サントル・コメルシアル………………107
シェ・アリーヌ……………………………139
シェ・シフォン……………………………107
シェ・ジャネット…………………………113
ジェフリーズ……………………………… 28
シェ・ボガト………………………………155
シネマテーク・フランセーズ…………145
ジャジャ…………………………………… 41
ジャック・ジュナン……………………44,66
シャテル…………………………………… 66
ジャルダン・ソヴァージュ・
　サン＝ヴァンサン………………………201

ジャンヌ・アー	127	ビュット・オ・カイユ	158
ジュレス	115	ピュブリシス・ドラッグストア	81
シュペルフリュ	177	ビュリー 1803	52
ジル・ヴェロ	72	フォーラム・デ・ジマージュ	31
シンク・アンド・モア	12	プティット・マンディゴット	188
ステュディオ・ヴァンチュイット	200	ブラジーニ	25
ストック・ソニア・リキエル	149	ブラッスリー・ドートゥイユ	169
セストラ	66	ブラッスリー・バルベス	193
セット・サンク	93	ブーランジュリー・バイ・ゴントラン・シェリエ	198
セバスチャン・ゴダール	16	ブラン・ド・クゼット	120
装飾美術館	19	ブランド・バザール	65
ソマ	40	ブリティッシュ・ショップ	166
ソンセット・リヴォリ	12	フレンチ・トゥーシュ	179
ダ・ローザ	57	フレンチ・トロッターズ	135
タン・フレール	157	フロマージュ・エ・ラマージュ	196
チェルヌスキ美術館	185	ベア・ファクトリー	167
ディダクト・ヘア・ビルディング	22	ペーパードールズ	189
デ・エス・カフェ	169	ポップ・マーケット	108
デュ・パン・エ・デジデ	114	ホテル・ザ・ペニンシュラ	83
デロール	67	ホテル・モリトールのプール	165
ドゥ・ミル・ユイット	167	ホテル・ラファエル	83
ドボーリュー	95	ボルゴ・デッレ・トヴァーリ	123
ドラクロワ美術館	75	ボールズ	125
トンベ・デュ・カミオン	191	マイ・クレージー・ポップ	143
ニル通り	28	マ・カーヴ・フルーリ	29
ノン・ソロ・クッチーナ	168	マキシム・アールヌーヴォ美術館	19
バイ・マリー	79	マークス＆スペンサー	86
バイ・ミュタシオン	121	マダム・ド	149
パヴィヨン・カレ・ド・ボードゥアン	129	マティエール・ア・レフレクシオン	36
パヴィヨン・デ・セシオン・デュ・ミュゼ・デュ・ルーヴル	18	マティルド・マ・ミューズ	164
バザーセラピー	106	マルシェ・デザンファン・ルージュ	42
パッサージュ・ヴェルドー	103	マルセル	194
パピエ・ティグル	38	ムッシュー・ブルー	82
バラナン	112	メゾン	55
パリ工芸博物館	33	メゾン・スケ	97
パリ・ストア	157	メゾン・セルヴァン	170
バルテレミー	73	メゾン・ド・ラ・プラズリン・マゼ	44
パレ・ド・トーキョー	88	メゾン・バカラ	80
パレ・ロワイヤル	10	メゾン・バヤ	192
パンケーキ・シスターズ	110	メゾン・プー	183
ピエール・ベルジェ＝イヴ・サンローラン財団	87	メゾン・プリソン	43
ビオティフル	181	メムス	111
ピカソ美術館	45	メメ・ダン・レゾルティ	190
		メール	44
		メルシー	37

インデックス

モーッツァ…！ ……………………… 43
モンマルトル博物館 ………………… 199
ラ・カーヴ・デュ・ダロン ………… 128
ラ・カンカユリ ……………………… 113
ラ・カンティーヌ・ドーギュスト …… 140
ラ・グランド・エピスリー・
　デュ・ボン・マルシェ …………… 73
ラ・グレヌトゥリー・デュ・マルシェ
　……………………………………… 142
ラ・ゲテ・リリック ………………… 32
ラ・ココット・パリ ………………… 136
ラ・シャンブル・オ・コンフィチュール
　……………………………………… 100
ラ・シュイット・ブルー …………… 79
ラ・タルト・トロペジエンヌ ……… 58
ラ・ドログリー ……………………… 23
ラ・パティスリー・シリル・リニャック
　……………………………………… 86
ラ・パティスリー・デ・レーヴ …… 66
ラ・パティスリー・ド・ショワジー … 157
ラ・ピスタシュリ …………………… 85
ラ・フォリー・アン・テット ……… 154
ラ・ブティック・オ・ブ・ド・ラ・リュ
　……………………………………… 151
ラ・ベルヴィロワーズ ……………… 131
ラ・ベル・ジュリエット …………… 69
ラ・マニュファクテュール・ド・ショコ
　ラ・アラン・デュカス …………… 142
ラ・マレ・ジャンヌ ………………… 27
ラ・メゾン・デュ・シュー ………… 72
ラ・メゾン・ドクター・ハウシュカ … 134
ラ・メゾン・ド・ロブラック ……… 83
ラ・メゾン・ルージュ ……………… 144
ラ・ルシクルリ ……………………… 194
ライス・アンド・フィッシュ ……… 26
ラヴァン・コントワール …………… 57
ラオ・シアム ………………………… 126
ラザール ……………………………… 98
ランピール・デ・テ ………………… 157
リチュアルズ ………………………… 36
リベルテ・メニルモンタン ………… 128
ルイ・ヴィトン財団美術館 ………… 173
ル・ギャルド・マンジェ …………… 141
ル・コルビュジエ財団 ……………… 173
ル・コントワール・ド・ラ・
　ガストロノミー …………………… 30

ル・シネマ・デ・シネアスト ……… 185
ル・ティグル・ヨガ ………………… 78
ル・ティポグラフ …………………… 54
ル・トレ・パルティキュリエ ……… 195
ル・ヌーヴェル・オデオン ………… 60
ル・ヌーヴォ・カジノ ……………… 130
ル・バル ……………………………… 184
ル・ビーフ・クラブ ………………… 14
ルフ・ショシュール ………………… 93
ル・ブッシュ・ア・オレイユ ……… 154
ル・ペスタクル・ド・マエルー …… 179
ル・ペルショワール ………………… 124
ル・ポワン・エフェメール ………… 116
ル・ボンボン・オ・パレ …………… 59
ル・マルシェ・プレジダン＝ウィルソン
　……………………………………… 171
ル・ミニ・パレ ……………………… 84
ル・ムーラン・ド・ラ・ヴィエルジュ
　……………………………………… 156
ル・メアリー・セレスト …………… 41
ル・メルル・モクール ……………… 154
ル・モリ・セット …………………… 113
ル・ロケットシップ ………………… 94
ル・ロワイヤル・エクレルール …… 81
レ・ザベイユ ………………………… 156
レシプロック ………………………… 163
レ・スリーズ・ド・マルス ………… 65
レ・ゾートリュシュ ………………… 148
レタージュ・ド・パスタヴィーノ … 56
レッカー ……………………………… 189
レトロフチュール …………………… 109
レ・ニソワ …………………………… 126
レピスリー・ジェネラル …………… 71
レ・ピプレット ……………………… 152
レフェ・メゾン ……………………… 95
レ・プティ・ソワン ………………… 176
レ・プティ・ミトロン ……………… 197
ローズ・バンカー …………………… 191
ローズマリー ………………………… 139
ロマン派美術館 ……………………… 101
ロール ………………………………… 197
ロレット・エ・ジャスマン ………… 162
ロロール・パリ ……………………… 23
ロワズィヴ・テ ……………………… 153

著者◆エロディ・ルージュ（Élodie Rouge）
「DO IT IN PARIS」の編集長で、「ELLE」誌や、テレビ局カナル・プリュスの時評も担当。美食家として知られ、ピンヒールの靴とパリ風カフェが大のお気に入り。

イラスト◆アンジェリーヌ・メラン（Angéline Mélin）
パリのモード専門学校ステュディオ・ベルソーの修了生。モード、エッフェル塔、靴、石畳からインスピレーションをえて、自由で新鮮な詩的世界を描く。

訳者◆太田佐絵子（おおた・さえこ）
早稲田大学第一文学部フランス文学科卒。訳書に、『第三帝国の嘘』、『フランス料理の歴史』、『ロバート・キャパ』、『マリー＝アンヌ・カンタン フランスチーズガイドブック』（いずれも原書房）などがある。

編集　サンドリーヌ・グルベンキアン、マティルド・クレスマン
コメント　メアリー・デシャン
校正　リュシー・フォンテーヌ、オード・ガンディオル、オード・ペイザン
画像リサーチ　ジュリー・デュブ、モルガーヌ・バルツァー、ジュリー・レヴィ
美術監修　イザベル・シュマン
レイアウト　ジュリー・イエット
イラスト　アンジェリーヌ・メラン　angelinemelin.com
協力　ヴェロニク・コンスタンティノフ（doitinparis.comサイトの創設者）

PARIS C'EST CHIC!
© 2016 éditions Parigramme/Compagnie Parisienne du Livre
Japanese translation rights arranged
with Compagnie Parisienne du Livre/Parigramme, Paris
through Tuttle-Mori Agency, Inc., Tokyo

パリジェンヌたちのとっておきのパリ

●

2016年3月31日 第1刷

著者………エロディ・ルージュ
執筆協力………キトゥリー・パスクソーヌ
イラスト………アンジェリーヌ・メラン
訳者………太田佐絵子(おおたさえこ)
装丁………川島進デザイン室
本文組版・印刷………株式会社ディグ
カバー印刷………株式会社明光社
製本………東京美術紙工協業組合

発行者………成瀬雅人
発行所………株式会社原書房
〒160-0022　東京都新宿区新宿1-25-13
電話・代表 03(3354)0685
http://www.harashobo.co.jp
振替・00150-6-151594
ISBN978-4-562-05266-0

© Harashobo 2016, Printed in Japan